尝喜小中能见大,
还须弦外有余音。

【精装典藏版】

国民阅读经典 / 美学大师朱光潜经典作品

谈美书简

朱光潜 / 著

Zhu Guangqian Works

山西出版传媒集团 山西人民出版社

图书在版编目（CIP）数据

谈美书简 / 朱光潜著 . — 太原：山西人民出版社，2019.4
ISBN 978-7-203-10620-3

Ⅰ . ①谈… Ⅱ . ①朱… Ⅲ . ①美学—研究Ⅳ. ① B83

中国版本图书馆 CIP 数据核字（2018）第 290685 号

谈美书简

著　　者：朱光潜
责任编辑：郝文霞
复　　审：吕绘元
终　　审：姚　军
装帧设计：刘明彬

出 版 者：山西出版传媒集团·山西人民出版社
地　　址：太原市建设南路 21 号
邮　　编：030012
发行营销：0351-4922220　4955996　4956039　4922127（传真）
天猫官网：http://sxrmcbs.tmall.com　电话：0351-4922159
E - m a i l：sxskcb@163.com 发行部
　　　　　　sxskcb@126.com 总编室
网　　址：www.sxskcb.com

经 销 者：山西出版传媒集团·山西人民出版社
承 印 厂：三河市天润建兴印务有限公司

开　　本：890mm×1240mm　1/32
印　　张：9
字　　数：180 千字
印　　数：1—5000 册
版　　次：2019 年 4 月第 1 版
印　　次：2019 年 4 月第 1 次印刷
书　　号：ISBN 978-7-203-10620-3
定　　价：38.00 元

如有印装质量问题请与本社联系调换

作者简介

朱光潜（1897—1986），笔名孟实，安徽桐城人，著名的美学家。1903年开始接受传统的私塾教育，能背"四书五经"及《古文观止》《唐诗三百首》，读过《史记》《通鉴辑览》；1918年入武昌高等师范中文系读书；1919年经考试被选送到香港大学文学院深造；1925年入英国爱丁堡大学，获硕士学位；1931年入德国斯特拉斯堡大学，获博士学位，其间写就《悲剧心理学》《文艺心理学》《诗论》《谈美》；1933年回国，任北京大学教授；1937年任四川大学教授；1938年任武汉大学教授；1946年重返北京大学担任教授；1949年北平解放，继续留任北京大学教授；1956年译出柏拉图《文艺对话集》；1959年译出黑格尔《美学》（第1卷）；1963年《西方美学史》出版；1970年续译黑格尔《美学》（第2、3卷）；1977年译出莱辛《拉奥孔》；1978年译出爱克曼的《歌德谈话录》；1980年出版《谈美书简》和《美学拾穗集》；1983年译出维柯的《新科学》；1986年3月6日逝世，终年89岁。

目 录

作品提要 /1
思想内容 /3
艺术特色 /9
片断赏析 /12

一　代前言：怎样学美学 /27
二　从现实生活出发还是从抽象概念出发 /37
三　谈　人 /49
四　关于马克思主义与美学的一些误解 /61
五　艺术是一种生产劳动 /73
六　冲破文艺创作和美学中的一些禁区 /91
七　从生理学观点谈美与美感 /105
八　形象思维与文艺的思想性 /121
九　文学作为语文艺术的独特地位 /137
十　浪漫主义和现实主义 /151
十一　典型环境中的典型人物 /167

十二　审美范畴中的悲剧性和喜剧性 /181
十三　结束语："还须弦外有余音" /195

附录一
消除烦闷与超脱现实 /211
谈读诗与趣味的培养 /225
人文方面几类应读的书 /235
知识的有机化 /245
音乐与教育 /257

附录二
朱光潜的座右铭 /269
朱光潜的三十条人生箴言 /273

作品提要

《谈美书简》1980年由上海文艺出版社出版，这是作者自《文艺心理学》《谈美》之后，近50年间第一部系统性的美学著作。

该书总结了作者"在学习马克思主义、毛泽东思想的基础上"，"对美学上一些关键性的问题"所得到的"新认识"。该书首先阐明了一个观点，就是马克思主义美学是有自己的体系的，而且它的体系"比过去任何美学大师所构成的任何体系都宏大、更完善，而且有更坚实的物质基础和历史发展线索"。但同时该书也指出，马克思主义美学并没有穷尽美学的发展，美学还需要借鉴历史上的各派美学的成果，并努力解放思想、打破禁区，继续探索新的问题。该书对人性论、人道主义、典型环境和典型性格的关系、文艺创作中的形象思维与抽象思维问题、现实主义与浪漫主义问题、美感中的心理与生理问题等，都开辟专章进行

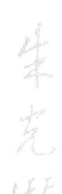

了深入的讨论。

该书收录的十三封信,包括三个方面的内容:一是美学方法研究(第一封:美学研究的方法;第二封:美学研究的出发点)。二是美学范畴研究(第三封:美学研究的主体性问题;第四封:美学研究与马克思主义的关系;第五封:美学与生产实践的关系;第七封:美感的生理学基础;第十二封:悲剧范畴与喜剧范畴;第十三封:"偶然"的美学地位)。三是美学实践研究(第六封:美学禁区应突破;第八封:关于形象思维;第九封:文学在美学中的地位;第十封:现实主义和浪漫主义;第十一封:典型环境与典型人物)。

思想内容

《谈美书简》是朱光潜先生一生中所做的第二次美学理论综合，这次综合无论在广度还是在深度上都超过了第一次。朱光潜所做的第一次美学理论综合体现在《文艺心理学》中，是以克罗齐的直觉论为中心，将心理学派美学、联想主义美学和道德主义美学沟通起来形成三个互相联系的层次，未超出审美心理学的范围。朱光潜所做的第二次美学理论综合则是以马克思主义的实践观点为中心，从人的本质开始，逐渐涉及美的共同性与特殊性、审美活动中的心理与生理、形象思维与抽象思维、现实主义与浪漫主义、典型环境与典型人物、喜剧与悲剧、偶然性与必然性等问题，不仅包括审美心理学，而且涉及审美社会学和审美人类学。这次综合标志着朱光潜美学思想的根本性转变，即由信奉尼采、克罗齐转变为信奉马克思主义。

《谈美书简》第一封信主要谈学习美学的方法。朱光潜

首先指出立志要研究任何一门科学的人都要端正人生态度，认清方向，要"做老实人，说老实话，办老实事"。一切不老实的人做任何需要实事求是的科学工作都不会走上正路的。同时指出"研究美学的人如果不学一点文学、艺术、心理学、历史和哲学，那将是一个更大的欠缺"。他还指出学习并精通一两门外语，充分占有资料，围绕某个问题边学边写，集中力量打歼灭战是一个行之有效的办法。

朱光潜在第三封信中说："谈美，得从人谈起，因为美是一种价值，而价值属于经济范畴，无论是使用还是交换，总离不开人这个主体。"因此，研究美绝不能离开人，美学是随同对人的研究而逐步展开的，认为研究人是打开美学殿堂的金钥匙。当然，对人的研究首先是人类学的研究。人类学是把人当作一种物种来研究的科学，人类学的研究成果对于美学来说，主要回答了一个问题，就是艺术起源的问题。谷鲁斯和普列汉诺夫谈艺术起源就是站在人类学角度，认为艺术起源于日常生活实践，如吃饭穿衣、男婚女嫁等。近代，人又成为心理学研究的对象。心理学把人与外在事物的复杂的物质交换过程简化为由刺激到反应循环往复的过程，并把它分解为知（认识）、情（情感）、意（意志）三部分。早期心理学是附属于哲学的，哲学家大半看重认识而轻视实践，因此把心理学局限于从感觉神经到脑中枢那一环，至于从脑中枢到运动神经那一环，也就是从情感、思考和意志到行动那一环，则很少提起。17、18 世纪，人的本质还是一个不可知的秘密。各派心理学家对人的研究虽然都有其独特的贡献，但毕竟不能揭示人的全面本质。原因是他们都把人这个整体宰割开来成为若干片断，单挑其中一块出来，就像瞎子摸象，谁也说不清。这种"机械观"的研究方法源于牛顿的物理学。19 世纪以来，对人的研究有了新的发展。一些学者摈弃了"机械观"而采取了"有机观"的方法，后者来自生物学和有机化学。它与"机械观"不同，不是把人的心理功能看成可以任意拆卸与组合的零件，而是看成互相联系、不可分割的有生命的整体。歌德就是持"有机观"的，马克思的《1844 年经济学—哲学手稿》、恩格斯的《自然辩证法》中的《从猿到人》就是在"有机观"基础上的进一步发展。马克思、恩格斯不但强调人与自然（我与物）的统一，而且也强调人本身全部身心两方面各种"本质力量"的统一，这个观点对于美学基本问题的解决具有根本性意义。

朱光潜在第七封信中主要从生理学与心理学的角度分析了节奏感、移情作用和内模仿等问题，而这些问题又是值得重视的、需要重新加以评价和研究的。作者认为节奏是音乐、舞蹈和歌唱这些最原始也最普遍的三位一体的艺

术所共同具有的一个要素。节奏不仅见于艺术作品，也见于人的生理活动。人体中呼吸、循环、运动等器官本身的自然而又有规律的起伏流转就是节奏。如果审美对象所表现的节奏符合人体的生理自然节奏，人就感到和谐愉快，否则就感到"拗"或"失调"，就不愉快。所谓移情就是指人在聚精会神中观照一个对象（自然或艺术作品）时，由于物我两忘而达到物我同一，把人的生命和情趣"外射"或移注到对象上去，使本无生命和情趣的外物仿佛具有人的生命活动，使本来只有物理的东西也显得有人情。我国的咏物诗词里大半都有移情因素，如李白的"相看两不厌，只有敬亭山"，杜甫的"感时花溅泪，恨别鸟惊心"。移情是由我及物，而内模仿也是移情，不过侧重由物及我的一面。内模仿是从生理学角度讲的，主要代表是谷鲁斯。谷鲁斯以看跑马为例说，人看跑马时并不真正去模仿马的动作，但是他的心灵和肉体也都紧张着，确在"心领神会"地进行着模仿，而且享受着由这种模仿所引起的愉快。由此看出，内模仿具有游戏的性质，如果由于运动的冲动过分强烈，内模仿转变为行为的模仿，例如曾有一些少年读了歌德的《少年维特之烦恼》之后去模仿维特自杀，这就不再是美感了。朱光潜认为中国文论中的"气势"和"神韵"，画论中的"气韵生动"都是凭内模仿作用体会出来的。中国书法往往表现出人格，颜真卿的字就像他的为人一样刚正，风骨凛然；赵孟頫的字也像他的为人一样清秀妩媚，随方就圆。我们欣赏颜字，便不由自主地正襟危坐，模仿他的端庄刚劲；欣赏赵字便不由自主地放松筋骨，模仿他的潇洒婀娜的姿态。

  在第八封信中，朱光潜认为文艺创作应以形象思维为主，以抽象思维为辅。他认为形象思维就是想象，在西方，古罗马的斐罗斯屈拉特，近代英国的培根都强调过想象在文艺创作中的作用；在我国古代，屈原在《远游》中和杜甫在《咏怀古迹》里都使用过想象这个词。形象思维就是运用形象进行思维，形象思维与抽象思维是两种不同的思维方式，但它们的功用是相同的，就是通过开动脑筋来掌握和解决面临的现实生活中的问题。它们既是一种实践活动，又是一种认识活动。不同的是它们所运用的方式。思维分为两个阶段，第一个阶段，掌握具体事物的形象，如声、色、形、味等，通常称之为感觉、映象、观念或表象。形象思维与抽象思维都经历了这个阶段；第二个阶段，便显出不同的特点：形象思维把从感性认识得来的各种映象加以整理安排，来达到一定的目的，抽象思维是把许多感性形象加以分析和综合，求出每类事物的概念、原理或规律；形象思维由原始的感性认识飞跃到生动具体的典型形象，而抽象思

维则由原始的感性认识飞跃到抽象的概念或结论。

此外,作者在书中表现出来的"铁肩担道义,妙手著文章"的人品和学品,也值得我们学习。作者在前言中写道:"'四人帮'反党集团被一举粉碎之后,我才得到第二次解放,怀着舒畅的心情和老骥伏枥的壮志,重理美学旧业……但今年已经82岁,毕竟衰老了,而且肩上负担还相当重,要校改一些译稿和文稿,带了两名西方文艺批评史方面的研究生,自己也还在继续学习和研究……"在如此高龄、如此繁忙的情况下,他还抽空为普通读者写美学普及的小册子,有何名有何利?还不是为了美学、美育的理想吗?这本书本身,就是"美"的体现。我们握着这本书,难道不感到沉甸甸的吗?这不但因为它是大师的名著,更因为这是"道德文章"。

艺术特色

首先，书信体作为《谈美书简》的体裁和结构，具有其他体裁和结构方式所无法比拟的优势。该书是作者为了回答美学爱好者陆陆续续提出的问题而写成的，由于特定的读者对象，作者不能不考虑如何才能深入浅出地说明问题，让读者能够读懂看透，从而使艰深的美学概念、范畴、原理变得通俗易懂，所以作者没有采用学术专著的形式。

其次，用形象、朴实、精确的语言解释抽象、深奥的美学概念、范畴、原理，这在朱光潜青年时期写的《谈美》一书中就已经得到体现，而20世纪80年代的这本书又继承了过去的传统，以最通俗的语言生动形象地解说艰深的美学范畴、原理。

例如，作者为了说明美学研究的出发点的重要性，就用自己看电影《巴黎圣母院》为例来说明："听到那位既聋哑而又奇丑的敲钟人在见到那位能歌善舞的吉卜赛女郎

时,结结巴巴地使劲连声叫:'美、美、美……'我不禁联想到'美的定义'。我想这位敲钟人一定没有研究过'美的定义',但他一生的事迹,使我深信他是一个真正懂得什么是美的人,他连声叫出的美确实是出自肺腑的。"朱光潜以此来说明:什么是美?美来自何处?什么是自然美?什么是艺术美?我想,读者会和作者一样,从敲钟人身上,从生活本身找到答案,从而阐明了<u>美的研究的出发点不是定义,而是生活本身</u>。

又比如,作者在谈到如何学美学的问题时是这样说的:朋友们来信经常问到学习美学应该读什么书。他们深以得不到想读的书为苦,往往要求我替他们买书和供给资料。他们不知道我自己在20世纪60年代以后也一直在闭关自守,坐井观天,对国际学术动态完全脱节,所以对这类来信往往不敢答复。老一点的资料我在《西方美学史》下卷附录里已开过一个"简要书目",其中大多数在国内还是不易找到的。好在现在书禁已开,新出版的书刊已日渐多起来了,真正想读书的当不再愁没有书读了。人愈老愈感到时间可贵,所以对问到学外语和美学的朋友们,我经常只讲这样几句简短的忠告:不要再打游击战,像猴子掰苞谷,随掰随丢,要集中精力打歼灭战,要敢于攻坚。不过歼灭战或攻坚战还是要一仗接着一仗打,不要囫囵吞枣。学美学的人入手要做的第一件大事还是学好马列主义。不要贪多，先把《马克思恩格斯选集》通读一遍，尽量把它懂透。真正懂透是终生的事，但是要养成要求懂透的习惯。其次，如果还没有掌握一种外语到能自由阅读的程度，就要抓紧补课，因为在今天学任何科学都要先掌握国际最新资料，闭关自守决没有出路。第三，要随时注意国内文艺动态，拿出自己的看法；如果有余力，最好学习一门艺术——文学、绘画或音乐，避免将来当空头美学家或不懂文艺的文艺理论家。一位学识渊博、和蔼可亲的智者用深入浅出的语言把自己毕生的学习经验毫无保留地告诉了后学者，使任何一位初学美学者都能有所收益，少走弯路。文章语言的幽默、朴实与生动、形象由此可以略见一斑。

片断赏析

我们来看《谈美书简》的第三、第六封信。作者说：什么叫作人性？它就是人类的自然本性。人有人的本性，正如狗有狗的本性，恒星有恒星的本性。西方从古希腊直到现在都把"艺术模仿自然"当作一种信条，所谓"自然"就是指人性，尽管他们在性善性恶的问题上常有分歧。人性问题在我们国家相当长的一段时间里被视为"禁区"，这是出于一种误解，以为相信了人性论，就等于否定阶级观点，仿佛是自从人有了阶级性，就失去了人性，或者说，人性就不再起作用。其实，人性和阶级性的关系是共性与特殊性或全体与部分的关系。部分并不能代表或取消全体，肯定阶级性并不是否定人性。马克思讲的"人的肉体和精神两方面的本质力量"，就是指人性。马克思从这里出发论证了无产阶级革命的必要性和必然性，论证了只有消除私有制才能使人的本质力量获得充分自由的发展。毛泽东也说：

"有没有人性这种东西?当然有的。但是只有具体的人性,没有抽象的人性。在阶级社会里就是只有带着阶级性的人性,而没有什么超阶级的人性。"(《在延安文艺座谈会上的讲话》)很显然,阶级性也是在人性的基础上形成的。到了共产主义时代,阶级消失了,人性不但不消失,而且会日渐丰富化和高尚化。那时文艺虽不再具有阶级性,却仍必须要反映人性,当然反映的是具体的人性。所谓"具体",就是体现于阶级性以外的其他特性,体现于共产主义时代的具体人物的具体情节。放弃对人性的深刻理解和忠实描绘,只能使文艺的路子越走越窄。

人道主义是与人性论紧密相关的一个问题。作者对这个问题一直是坚持历史主义态度的。他认为,人道主义思想是与资产阶级的历史发展相始终的。在资产阶级历史发展的不同阶段中,人道主义思想一方面见出历史的持续性,另一方面也随阶级力量对比和政治斗争需要的改变而获得不同的具体内容,起不同的作用。在文艺复兴时代,它是作为反封建、反教会的口号而提出的,它的主要内容是肯定人的地位和现世幸福生活的价值,其中最有价值的东西是人能借认识自然而征服自然的思想。到了17、18世纪,资产阶级力量日渐强大,资产阶级革命问题已提到日程上,人道主义就由一般文化思想战线上转而集中到政治战线上。

于是人权、自由、平等和理性这些概念成为它的主要内容。到了19世纪，西方各国资产阶级相继获得了或巩固了政权，阶级分化日益加剧，资产阶级与无产阶级矛盾日益加深，于是人道主义一方面转化为博爱主义，作为阶级调和论的基础，另一方面突出地表现为个人主义以及它的直接后果：悲观主义和颓废主义。

20世纪70年代末80年代初，朱光潜重新谈起这个问题，感到过去把人道主义仅仅看成是资产阶级的东西，并且仅仅在资产阶级革命中起过积极作用不够妥当，因此在两个方面做了修正和补充：一是肯定人道主义是普遍存在于人类一切时代的一种有积极意义的思潮；一是指出人道主义并不是共产主义的对立物，而是构成共产主义的一个重要的方面。他说，人道主义有一个总的核心思想，就是尊重人的尊严，把人放在高于一切的地位，因为人虽是一种动物，却具有一般动物所没有的自觉心和精神生活。人道主义可以说是人本主义，这就是古希腊人所说的"人是衡量一切事物的标准"，我们中国人所常说的"人为万物之灵"。人的这种"本位主义"显然有它的积极的社会效用，人自觉到自己的尊严地位，就要在言行上争取配得上这种尊严地位。一切真正伟大的文艺作品没有不体现出人的伟大和尊严的，从古代的神话、雕刻、史诗和悲剧到近代的小说和电影,都是如此。他还说,马克思不但没有否定过人道主义,而且把人道主义与自然主义的统一看作真正共产主义的体现。因此,作为马克思主义者绝不能因为资产阶级曾经使用过人道主义这个口号,就对它采取一概否定的态度;如果那样,就无异于倒脏水连同婴儿一起倒掉。

共同美是与人性论紧密相关的另一个问题。朱光潜认为,过去人们只谈美感的阶级性,而不谈美感的共同性,这是不对的。美感确有它的阶级性,比如贾府焦大并不欣赏林妹妹,文人学士往往嫌民间大红大绿俗气。但这只是问题的一方面,美感问题是十分复杂的。就美感的对象来说,过去的美学家就有主张美在形色的匀称、声音的谐调之类的形式上的,也有主张美在内容意义上的,辩证唯物主义则强调内容与形式的统一;就美感本身来说,过去的美学家大半主张美感是一种愉快的感觉,可是又不等于一般的快感,不像渴时饮水或困时酣睡那种快感。而且美感并非全是快感,悲剧与一般崇高事物引起的美感中就夹杂着痛感。同一美感中也有发展转变过程,往往是生理和心理交互影响的,美感中的许多现象还需要深入研究。

我们再来看第八封信,朱光潜认为文艺创作要用形象思维,但是形象思维不单适用于文艺创作,也是日常生活所不可缺少的。我们一般人不动脑筋则已,一动脑筋就不

免要用形象思维，无论是穿衣、吃饭、旅行、交朋友或是进行生产劳动，一发生问题时首先就要进行形象思维。比如这几天闷热，我不敢进城，这并不是在"老年人一动不如一静"这样一个抽象原则下得出的逻辑式结论，而是根据自己的衰老情况，大热天挤车的艰难以及进城回来后的困倦之类具体形象自然想到的。形象思维既是如此被广泛运用于日常生活中，当然对于政治家、实业家、科学家和商人等等也是不可缺少的了。形象思维在运用范围上比抽象思维要广泛，不仅如此，在起源上也早于抽象思维。意大利美学家维柯的重要贡献之一，就是论证了这一事实。他说："人最初只有感受而无知觉，接着用一种惊恐不安的心灵去知觉，最后才用清晰的理智去思索。"（《朱光潜美学文集》第3卷，第571页）在他看来，原始民族作为人类的儿童，还不会抽象思维，他们认识世界只凭感觉的形象思维，他们的全部文化（包括宗教、神话、语文和社会制度）都来自形象思维，都有想象虚构的性质，都是诗性的或创造性的。等到人类由儿童期发展到成年期，即转到人的时代、哲学的时代，他们才逐渐能运用理智，从殊相中抽出共性。维柯的观点在让·皮亚杰的儿童心理学研究上得到了印证。他证明，人在童年时实际复演着人类童年的历史，婴儿开始也只会形象思维，经过几年的训练和教育后才能学会抽象思维。

这么看来,文艺创作就不能单单依靠形象思维。因为文艺不仅要用形象去思维,还要对形象进行重新组合和安排,以造出典型形象,即新的形象整体。文艺创作一般都有个构思阶段,思想情感白热化阶段,还有一个修改阶段。白热化阶段是文艺创作活动的高峰,这是一种聚精会神的状态,一般只专注于形象思维上;但构思阶段与修改阶段,就不仅要有形象思维,也要有抽象思维,比如参观访问、搜集素材、整理资料就不完全是形象思维的事;另外,考虑听众或观众的要求,作品可能产生的效果,乃至具体的排演、印刷等等事项,也都少不了抽象思维。形象思维与抽象思维是构成人的思维能力的两个方面,而人是一个整体,在具体的思维活动中很难截然划分,特别是在文艺创作中,它们往往是交叉作用的。但是文艺创作毕竟以形象思维为主。既然如此,文艺创作的思维的结果就要体现在形象中,而不是体现在概念里。德国音乐家舒曼曾经谈道:"批评家们老是想知道音乐家无法用语言文字表现出的东西。他们对所谈的东西往往十分没有懂得一分。上帝呀!将来会有那么一天,人们不再追问我们在神圣的乐曲背后隐寓什么意义么?先把第五音程辨认清楚罢,别再来干扰我们的安宁!"列宁称托尔斯泰是"俄国革命的镜子",不是因为他

在作品中宣扬了人对基督的爱及人与人的爱,个人道德修养和反对暴力抵抗,而是因为他忠实地描绘了当时俄国"农民资产阶级革命"中农民的矛盾态度和情绪。托尔斯泰的胜利也可以说是"现实主义的伟大胜利"。文艺作品的思想性不应是概念性,而应是马克思主义创始人所提出的倾向性。倾向性是一种总的趋向,不必作为明确的概念性思想表达出来,而应具体地形象地隐寓在故事情节发展之中,通过故事情节自然地流露出来。

过去,朱光潜是信奉表现主义的,因此基本上不谈艺术反映现实与典型问题,到了20世纪70年代末和80年代初,通过学习马克思主义,认识到典型问题是与美及艺术本质紧密相关的,是美学中头等重要的问题之一,所以他在《谈美书简》第十一封信中讨论了这个问题。他认为,艺术典型问题在美学史上可以追溯到一千多年以前。亚里士多德在《诗学》中即已提出了很精辟的典型说。他强调艺术典型须显出事物的本质和规律,不是于事已然,而是于理当然;于事已然都是个别的,于理当然就具有普遍性,所以说诗比历史是更哲学、更严肃的,也就是具有更高的真实性。不过诗所写的还是个别人物,即"安上姓名的人物"。在个别人物事迹中见出必然性与普遍性,这就是一般与特殊的统一,正是艺术典型的最精确的定义。亚里士多德在《修辞学》中还曾提出过一种"类型"说。他按年龄和境遇把人分为幼年人、成年人、老年人以及出身高贵的人、有钱的人、有权的人几种类型，并且对每一类人作了概括性描绘。他的用意在于要艺术家熟悉观众的性格与心理，对不同的人说不同的话。

后来，贺拉斯发挥了他的类型说，而抛弃了他的典型说。此外贺拉斯还提出了"定型"说。所谓"定型"说，就是借用古人已经用过的题材和人物性格，古人把一个人物性格写成什么样，后人借用这个人物性格，也还是写成什么样。比如写阿喀琉斯这个人物，就应像荷马那样，把他写成"暴躁、残忍和凶猛的人物"。贺拉斯的理论在西方产生很大影响。他的信徒中包括布瓦洛、普·德·维迦、孟德斯鸠等人。甚至丹纳也认为美的事物就是很清楚地显示"种类特征"的事物。类型说和定型说的哲学基础是普遍人性论。它之所以长期得以流行，理由大体有两个：一是过去统治阶级为了巩固政权，要求一切都规范化和稳定化；一是统治阶级一般倾向于保守，他们更喜欢自己所熟知的人物和故事。

18世纪以来，典型观发生了两个重大转变，这就是在共性与个性的对立关系上，重点由共性转向个性，并终于达到共性与个性的统一；在人物行动的动因方面，由蔑视或轻视环境转向重视环境，甚至比人物性格还看得更重要。

这种转变主要是由近代社会政局的激变与自然科学、社会科学的发展而造成的。德国古典哲学特别是黑格尔哲学开其端，马克思主义创始人在批判黑格尔的基础上又集其大成。

黑格尔的出发点是所谓的"理念"，他给美下的定义"理念的感性显现"带有客观唯心主义的烙印。不过他毕竟认识到了典型人物性格与典型环境的统一，而典型环境起着决定典型人物性格的作用。他把环境称作"情境"，在这种情境中，当事人须在行动上决定何去何从，这时才显出他的性格。这就是说在黑格尔看来，人物性格是由一定历史环境决定的，而且是矛盾辩证发展的结果。不仅如此，还应指出，黑格尔虽从理念出发，却把重点放在"感性显现"上，强调"每个人都是一个整体"，一个活生生的有血有肉的人。

马克思、恩格斯的典型观是从历史唯物主义出发的。这可以从马克思、恩格斯给拉萨尔的信，恩格斯给敏·考茨基、玛·哈克奈斯和保·恩斯特的信中见出。恩格斯在给敏·考茨基的信中批评了她的小说《旧人和新人》主要人物过于理想化，"个性消融到原则里去"，同时异常扼要地阐述了典型的共性与个性统一的原则："……每个人都是典型，但同时又是一定的个人。正如黑格尔所说的，是'一个这个'，而且应当是如此。"

恩格斯在给玛·哈克奈斯的信中,进而明确地提出了在典型环境中塑造典型人物的要求。他说:"据我看来,现实主义的意思是,除细节的真实外,还要真实地再现典型环境中的典型人物。"在这里,典型问题与现实主义紧密地联系了起来,从而使这两个概念获得了新的更为明确的含义,这就是要符合历史发展的真实情况。马克思和恩格斯不约而同地指责拉萨尔的《佛·封·济金根》没有抓住农民战争这个主要矛盾,把一个已没落而仍力图维护特权的封建骑士写成一个要求宗教自由和民族统一的新兴资产阶级的代言人,指出他的最大过错正在于不够莎士比亚化,而是采取了席勒方式,把一些个别人物转化为时代精神的单纯的传声筒。由此可见,马克思主义创始人都把典型环境看作决定人物性格的因素,而典型环境的内容首先是阶级力量的对比。

第十二封信主要讨论悲剧与喜剧这一对范畴,因为它们在西方美学史上占有特别重要的地位。戏剧本身就是一种最生动鲜明的艺术,一种和观众打成一片的艺术。人人爱看戏,不少人都爱演戏。戏剧获得了越来越蓬勃的发展,黑格尔曾认为戏剧是艺术发展的顶峰。例如古希腊,文艺复兴时代的英国、西班牙和法国,浪漫主义时代的德国,戏剧都处在时代前列,领导了当时的文艺风尚。戏剧的这种崇高地位是怎么形成的呢？朱光潜认为，喜欢做戏是人的普遍性冲动。不但人，就连猴子鸟雀也爱模仿同类动物乃至人的音容笑貌和行为动作来做戏。不但成年人，就连婴儿也爱模仿所见到的事物，表现出丰富的想象力。他认为戏剧的许多道理就寓于"儿戏"之中，"儿戏"的快乐中就包含有美感。人既然有生命力，就要使他的生命力有用武之地，就要行动，行动就能发挥生命力，就感到舒畅；不动就感到憋闷，憋闷就是生命力被堵住，不得畅通，就感到愁苦。因此，不能否定文艺（包括戏剧）的消遣作用，消遣的不是时光而是过剩的精力。平时我们从事着比较单调的劳动，只有部分生命力得到发挥，其他大部分生命力则遭到了囚禁，难得全面发展，艺术特别是戏剧，却给人提供了发挥其遭到囚禁的生命力的机会。戏剧既表现为动态，也表现于静态；既生存于时间中，又生存在空间里；既诉诸人的听觉，又诉诸人的视觉，戏剧是一种综合性最强的艺术，戏剧所产生的美感在内容上当然也就是最复杂、最丰富的。

当然，悲剧与喜剧所引起的美感又不同。亚里士多德说，悲剧应引起恐惧和哀怜两种情感，这两种情感本来是不健康的，通过悲剧激活它们而使之得以"净化"或"发散"。这一说法演变到后来就成了心理分析派弗洛伊德的

"欲望升华"或"发散治疗"说。关于喜剧,亚里士多德首先把丑与可笑性作为审美范畴提出,但没有说明喜剧令人发笑的原因。霍布斯提出"突然荣耀感"说,认为喜剧之所以引人发笑,是因为突然萌发的个人荣耀感,觉得自己比别人强,现在比过去强。柏格森认为笑与喜剧都起源于"生命的机械化",生命本来应富有弹性,能随机应变;生命机械化,就走向反面,成为人们的笑料。但笑是一种惩罚,也是一种警告,使可笑的人觉得自己笨拙,加以改正。由于笑有实用目的,所以它引起的美感不是纯粹的。

朱光潜在《谈美书简》的结束语中,谈到了必然与偶然在文学中辩证统一的关系问题。问题的缘起是巴尔扎克在《人间喜剧》"序言"里说的一段话:"机缘是世界上最伟大的小说家;要想达到丰富,只消去研究机缘。"这段话给他很大触动,使他在读恩格斯给约·布洛赫的信时产生了许多联想。恩格斯在信中说"……这里表现出这一切因素的交互作用,而在这种交互作用中归根到底是经济运动作为必然因素,通过无穷无尽的偶然事件(即这样一些事物,其中内部联系很疏远或很难确定,使我们把它们忽略掉甚至认为它们并不存在)而向前发展……"这就是说,必然要通过偶然而起作用。他想起一个有趣的例子:普列汉诺夫引用的法国巴斯卡尔的一句俏皮话:如果埃及皇后克里

奥佩特拉的鼻子生得低一点,世界史也许会改观。同时他想起文学名著中几个著名片段:希腊俄狄浦斯杀父娶母,罗密欧与朱丽叶为情而死,《牡丹亭》中杜丽娘为情所困等。显然,这些事件或情节之所以能引人入胜,就是由偶然机缘所造成的惊奇感,而惊奇感正是美感中的一个重要因素。朱光潜认为,偶然机缘是文艺创作中的一个重要因素,但偶然机缘背后总是隐藏着一种必然性。恩格斯解释"偶然事件"时说它们有"内部联系",不过这种联系很疏远或难以确定,还没有为人所认识,这就是说,人还处在无知状态中。希腊神话就是无知和幻想的产物,人们不安于无知,于是就幻想出种种的神作为偶然事件的动因。古希腊人把"未知的必然"称作"命运",这一方面暴露了人的弱点,另一方面也显示出人依凭幻想去战胜自然的强大生命力。

人常常生活在必然之中,因此碰上偶然机缘,就使人精神上多少得到解放,遂产生一种快感,这种快感便是美感。好的文艺作品常常有所谓的"神来之笔",浸透着充沛的生命力和高度的自由。过去人们常迷信"灵感",其实灵感不过是作者在意识中长久酝酿而突然爆发进入到意识里,这种突然爆发有赖于事出有因而人尚不知其因的偶然机缘。杜甫总结自己创作经验说:"读书破万卷,下笔如有神。""神"就是灵感,似乎是出自偶然,其实来于"读书破万卷"的辛勤劳动。我国有句老话"熟能生巧",灵感也不过是熟中生巧,还是长期锻炼的结果。

朱光潜由此又联想到艺术起源于游戏的问题。他认为艺术是一种生产劳动,是马克思主义者必须坚持的不可逆转的定论,但在文艺这种生产劳动中,游戏也确实是一个极其重要的因素。理由之一是,马克思和恩格斯都指出的必然要通过偶然而起作用,而偶然机缘突出地表现于游戏中,特别是所谓的"戏剧性的暗讽";理由之二是,劳动与游戏的对立是资本主义社会中劳动异化的结果,等到消除了劳动异化,进入了共产主义时代,一切人的本质活动都会变成自由的、无拘无束的,劳动与游戏的对立就不复存在。不过,他表示,这个问题还没有考虑成熟,准备继续研究下去。如果你有兴趣,不妨一试。

一　代前言：怎样学美学

朋友们：

从1965年到1977年，我有十多年没有和你们互通消息了。"四人帮"反党集团被一举粉碎之后，我才得到第二次解放，怀着舒畅的心情和老骥伏枥的壮志，重理美学旧业，在报刊上发表了几篇文章。相识和不相识的朋友们才知道我这个本当"就木"的老汉居然还在人间，纷纷来信向我提出一些关于学习美学中所遇到的问题，使我颇有应接不暇之势。能抽暇回答的我就回答了，大多数却还来不及回答。我的健康状况，因为经常坚持锻炼，还不算太坏，但今年已82岁，毕竟衰老了，而且肩上负担还相当重，要校改一些译稿和文稿，带了两名西方文艺批评史方面的研究生，自己也还在继续学习和研究，此外因为住在首都，还有些要参加的社会活动，够得上说"忙"了。所以来信多不能尽回，对我是一个很大的精神负担。朋友们的不耻下问的盛情都很可感，我怎么能置之不理呢？都理吧，确实有困难，如何是好呢？

不久前,社会科学院外文所在广州召开了工作规划会议。在会议中碰见上海文艺出版社的同志,谈起我在新中国成立前写的一本《谈美》,认为文字通俗易懂,颇合初学美学的青年们的需要,于是向我建议另写一部新的《谈美》,在这些年来不断学习马列主义、毛泽东思想的基础上,对美学上一些关键性的问题谈点新的认识。听到这个建议,我"灵机一动",觉得这是一个好机会,让我给来信未复的朋友们作一次总的回答,比草草作复或许可以谈得详细一点。而且到了这样大年纪了,也该清理一下过去发表的美学言论,看看其中有哪些是放毒,有哪些还可继续商讨。放下这个包袱之后,才可轻装上路,去见马克思。这不免使我想起孟子说的一个故事:从前有一位冯妇力能搏虎,搏过一次虎,下次又遇到一只虎,他又"攘臂下车"去搏,旁观的士大夫们都耻笑冯妇"不知止"。现在我就冒蒙士大夫耻笑的危险,也做一回冯妇吧!

朋友们提的问题很多。最普遍的是:怎样学美学?该具备哪些条件?用什么方法?此外当然还有就具体美学问题征求意见的。例如说:"你过去在美学讨论中坚持所谓'主客观统一',还宣扬什么'直觉说''距离说''移情说'之类'主观唯心主义货色',经过那么久的批判,是否现在又要'翻案'或'回潮'呢?"

这类问题在以后信中当相机谈到,现在先谈较普遍的一个问题:怎样学美学?

西方有一句谚语"条条大路通罗马",足见通罗马的路并非只有一条。各人资禀不同,环境不同,工作任务的性质不同,就难免要走不同的道路。学美学也是如此,没有哪一条是学好美学的唯一的路。我只能劝诸位少走弯路,千万不要走上邪路。"四人帮"在文艺界进行法西斯专政时,我们都亲眼看到一些人在买空卖空,弄虚作假,公式随便套,帽子满天飞,或者随风转舵,哪里可谋高官厚禄,就拼命往哪里钻,不知人间有羞耻事。这是一条很不正派的邪路,不能再走了。再走就不但要断送个人的前途,而且要耽误我们建设四个现代化的社会主义国家的大业。

我们干的是科学工作,是一项必须实事求是、玩弄不得一点虚假的艰苦工作,既要清醒的头脑和坚定的恒心,也要有排除一切阻碍和干扰的勇气。马克思在《政治经济学批判》序言末尾曾教导我们说:"在科学的入口处,正像在地狱的入口处一样,必须提出这样的要求:'到这里人们就应该排除一切疑虑;这个领域里不容许有丝毫畏惧!'"(注:《马克思恩格斯选集》第2卷,第85页,人民出版社1972年版。这是但丁《神曲·地狱篇》题在地狱门楣上的两句诗,译文略有改动)归根到底,这要涉及人生态

度,是敷敷衍衍、蝇营狗苟地混过一生呢?还是下定决心,做一点有益于人类文化的工作呢?立志要研究任何一门科学的人首先都要端正人生态度,认清方向,要"做老实人,说老实话,办老实事"。一切不老实的人做任何需要实事求是的科学工作都不会走上正路的。

正路并不一定就是一条平平坦坦的直路,难免有些曲折和崎岖险阻,要绕一些弯,甚至难免误入歧途。哪个重要的科学实验一次就能成功呢?"失败者,成功之母"。失败的教训一般比成功的经验更有益。现在是和诸位谈心,我不妨约略谈一下自己在美学这条路上是怎样走过来的。我在1936年由开明书店出版的《文艺心理学》里曾写过这样一段"自白":

从前我绝没有梦想到我有一天会走到美学的路上去。我前后在几个大学里做过14年的大学生,学过许多不相干的功课,解剖过鲨鱼,制造过染色切片,读过艺术史,学过符号逻辑,用过熏烟鼓和电气反应仪器测验过心理反应,可是我从来没有上过一次美学课。我原来的兴趣中心,第一是文学,其次是心理学,第三是哲学。因为欢喜文学,我被逼到研究批评的标准、艺术与人生、艺术与自然、内容与形式、语文与思想等问题；因为欢喜心理学，我被逼到研究想象和情感的关系、创造和欣赏的心理活动，以及文艺趣味上的个别差异；因为欢喜哲学，我被逼到研究康德、黑格尔和克罗齐诸人的美学著作。这样一来，美学便成为我所欢喜的几种学问的联络线索了。我现在相信：研究文学、艺术、心理学和哲学的人们如果忽略美学，那是一个很大的欠缺。

事隔四五十年，现在翻看这段自白，觉得大体上是符合事实的，只是最后一句话还只顾到一面而没有顾到另一面。我现在（四五十年后的今天）相信：研究美学的人如果不学一点文学、艺术、心理学、历史和哲学，那会是一个更大的欠缺。

为什么要做这点补充呢？因为近几十年我碰见过不少的不学文学、艺术、心理学、历史和哲学，也并没有认真搞过美学的文艺理论"专家"。这些"专家"的"理论"既没有文艺创作和欣赏的基础，又没有心理学、历史和哲学的基础，那就难免要套公式，玩弄抽象概念，你抄我的，我抄你的，以讹传讹。这不但要坑害自己，而且还会在爱好文学和美学的青年朋友们中造成难以估计的不良影响，

现在看来还要费大力,而且主要还要靠有觉悟的青年朋友们自己来清除这种影响。但我是乐观的,深信美学和其他科学一样,终有一天要走上正轨,这是人心所向,历史大势所趋。

我自己在学习美学的过程中也走过一些弯路和错路。新中国成立前几十年中我一直在东奔西窜,学了一些对美学用处不大的学科。例如在罗素的影响之下我认真地学过英、意、德、法几个流派的符号逻辑,还写过一部介绍性的小册子,稿子交给商务印书馆,在抗日战争早期遭火烧掉了。在弗洛伊德的影响之下,我费过不少精力研究过变态心理学和精神病治疗,还写过一部《变态心理学》(商务印书馆出版)和一部《变态心理学派别》(开明书店出版)。在抗日战争时期,我心情沉闷,在老友熊十力先生影响之下,读过不少的佛典,认真钻研过"成唯识论",还看了一些医书和谈碑帖的书,可谓够"杂"了。

此外,我还有一个坏习惯:学到点什么,马上就想拿出来贩卖。我的一些主要著作如《文艺心理学》《谈美》《诗论》和英文论文《悲剧心理学》之类都是在学生时代写的。当时作为穷学生,我的动机确实有很大一部分是追求名利。不过这种边买边卖的办法也不是完全没有益处。为着写,学习就得认真些,要就所学习的问题多费些心思来把原书吃透,整理自己的思想和斟酌表达的方式。我发现这也是一个很好的学习方式和思想训练。问题出在我学习得太少了,写得太多太杂了。假如我不那样东奔西窜,在专和精上多下些功夫,效果也许较好些。"事后聪明",不免有些追悔。所以每逢青年朋友们问我怎样学美学时,我总是劝他们切记毛泽东同志集中精力打歼灭战和先攻主要矛盾的教导。一个战役接着一个战役打,不要东奔西窜,浪费精力。就今天多数青年人来说,目前主要矛盾在资料太少,见闻太狭窄,老是抱着几本"理论专家"的小册子转,一定转不出什么名堂来。学通一两种外语可以勉强看外文书籍了,就可以陆续试译几种美学名著。释译也是学好外文的途径之一。读了几部美学名著,掌握了必要的资料,就可以开始就专题学习写出自己的心得。选题一定要针对我国当前的文艺动态及其所引起的大家都想解决的问题。例如毛泽东同志给陈毅同志的一封谈诗的信发表之后,全国展开了关于"形象思维"的讨论。这确实是美学中一个关键性的问题,你从事美学,能不闻不问吗?不闻不问,你怎能使美学为现实社会服务呢?你自己怎能得到集思广益和百家争鸣的好处呢?为着弄清"形象思维"问题,你就得多读些有关的资料和书籍,多听些群众的意见,逐渐改正自己的初步想法,从而逐渐深入到问题的核心,逐渐提高自己

的认识能力和思考能力。这样学美学,我认为比较踏实些。我希望青年朋友们不要再蹈我的覆辙,轻易动手写什么美学史。美学史或文学史好比导游书,你替旁人导游而自己却不曾游过,就难免道听途说,养成武断和不老实的习惯,不但对美学无补,而且对文风和学风都要起败坏作用。

在我所走过的弯路和错路之中,后果最坏的还是由于很晚才接触到马列主义、毛泽东思想,长期陷在唯心主义和形而上学的泥淖中。新中国成立后,特别是在20世纪50年代全国范围的美学批判和讨论中,我才开始认真地学习辩证唯物主义和历史唯物主义,从而逐渐认识到自己过去的一些美学观点的错误。学习逐渐深入,我也逐渐认识到真正掌握和运用马列主义并不是一件易事。如果把它看成易事,就必然有公式化和概念化的危险。我还逐渐认识到历史上一些唯心主义的美学大师,从柏拉图、普洛丁到康德和黑格尔,都还应一分为二地看,在美学领域里他们毕竟做出了不可磨灭的贡献。这一点认识使我进一步懂得了文化批判继承的道理和钻研马列主义的重要性。所以我在指导我的研究生时,特别要求他们努力掌握马列主义。要掌握马列主义,首先就要一切从具体的现实生活出发,实事求是,彻底清除公式化和概念化的恶劣积习,下次信中再着重地谈一谈这个问题。

二 从现实生活出发还是从抽象概念出发

朋友们：

在我接到心向美学的朋友们的来信中，经常出现的问题是：究竟怎样才算美？"美的本质"是什么？

提问"怎样才算美"的朋友们未免有些谦虚。实际上这些朋友们每天都在接触到一些美的和丑的事物，在情感上都有不同程度的感受甚至激动。例如一个年轻小伙子碰见一位他觉得中意的姑娘，他能没有一点美的感受吗？一个正派人在天安门事件中看见正反两派人物的激烈斗争，不也是多少能感觉到美的确实是美，丑的确实是丑吗？在这种场合放过火热的斗争而追问美的本质是什么，丑的本质是什么，不是有点文不对题吗？一个人如果不是白痴，那么他对于具体的美和丑都会有一定的认识，这种认识不一定马上就对，但在不断地体验现实生活和加强文艺修养中，它会逐渐由错误到正确，由浅到深，这正是审美教育的发展过程。而现在有些人放弃亲身接触过和感受过的事物不管，而去追问什么"美的本质"这个极端抽象的概念，我敢说他们会永远抓不着所谓"美的本质"。法国人往往把"美"叫作"我不知道它是什么"（Je ne sais quoi）。可不是吗？柏拉图说的是一套，亚里士多德说的又是一套；康德说的是一套，黑格尔说的又是一套。从马克思主义立场来看，他们都可一分为二，各有对和不对的两方面。事情本来很复杂，你能把它简单化成一个"美的定义"吗？就算你找到"美的定义"了，你就能据此来解决一切文艺方面的实际问题吗？这问题也涉及文艺创作和欣赏中的一系列问题，以后还要谈到，现在只谈研究美学是要从现实生活中的具体的事例出发，还是从抽象概念出发。

引起我先谈这个问题的是一位老朋友的来信。这位朋友在20世纪50年代美学讨论中和我打过一些交道。他去年写过一篇题为《美的定义及其解说》的近万言的长文，承他不弃，来信要我提意见。他的问题在现在一般中青年美学研究工作者中有普遍意义，所以趁这次机会来公开作复。

请先读他的"美的定义"：

美是符合人类社会生活向前发展的历史规律及相应的理想的那些事物，以其相关的自然性为必要条件，而以其相关的社会性（在有阶级的社

二 从现实生活出发还是从抽象概念出发

会时期主要被阶级性所规定）为决定因素,矛盾统一起来的内在好本质之外部形象特征,诉诸一定人们感受上的一种客观价值。

既是客观规律,又是主观理想;既是内在好本质,又是外部形象特征;既是自然性,又是社会性;既是一定人们感受,又是客观价值……定义把这一大堆抽象概念拼凑在一起,仿佛主观和客观的矛盾就统一起来了。这种玩弄积木式的拼凑倒也煞费苦心,可是解决了什么问题呢？难道根据这样拼凑起来的楼阁,就可以进行文艺创作、欣赏和批评了吗？

"定义"之后还附了13条"解说",仍旧是玩弄一些抽象概念,说来说去,并没有把"定义"解说清楚。作者始终一本正经,丝毫不用一点具体形象,丝毫不流露一点情感。他是从艺术学院毕业的,听说搞过雕塑和绘画,但始终不谈一点亲身经验,不举一点艺术实践方面的例证。19世纪法国巴那斯派诗人为着要突出他们的现实主义,曾标榜所谓"不动情"(Impassivité)。"定义"的规定者确实做到了这一点,在文章里怕犯"人情味"的忌讳,阉割了自己,也阉割了读者。不管读者爱听不爱听,他硬塞给你的就只有这种光秃秃硬邦邦的枯燥货色,连文字也似通不通。到

什么时候才能看到这种文风改变过来呢!

读到这个"美的定义",我倒有"如逢故人"的感觉。这位故人乃是20世纪50年代美学讨论中的故人。当前,党的工作重点实行了转移,实现四个现代化成了全国人民的中心任务,各条战线正在热火朝天地大干快上,文艺界面貌也焕然一新。但这一切在这位搜寻"美的定义"的老朋友身上仿佛都没有起一点作用,他还是那样坐井观天,纹丝不动!

13条"解说"之后又来了一个"附记"。作者在引了毛泽东同志的研究工作不应当从定义出发的教导后,马上就来了一个一百八十度大转变的"然而":"然而同时并不排除经过实事求是的研究而从获得的结论中,归纳、概括、抽绎出定义。"是呀,你根据什么"实事"求出什么"是"呢?你这是遵循毛主席的"辩证唯物主义路线"吗?

接着作者还来了一个声明:

> 以上"美"的定义,无非自己在美学研究长途中的一个小小的暂时的"纪程"而已。以后于其视为绊脚石时,自己或旁人,都可以而且应当无所爱惜地踢开它!

这里有一个惊叹号,是文中唯一的动了一点情感的地方,表现出决心和勇气。不过作为一个老友,我应该直率地说,你的定义以及你得出定义所用的方法正是你的绊脚石。你如何处理这块绊脚石,且观后效吧!

读过这篇"美的定义"之后不久,我有机会上过一堂生动的美学课,看到新上演的意大利和法国合摄的电影片《巴黎圣母院》。听到那位既聋哑而又奇丑的敲钟人在见到那位能歌善舞的吉卜赛女郎时,结结巴巴地使劲连声叫"美!美、美……"我不禁联想起"美的定义"。我想这位敲钟人一定没有研究过"美的定义",但他一生的事迹,使我深信他是个真正懂得什么是美的人。他连声叫出的"美"确实是出自肺腑的,一听到就使我受到极大的震动,悲喜交集,也惊赞雨果毕竟是个名不虚传的伟大作家。这位敲钟人本是一个孤儿,受尽流离困苦才成为一个在圣母院里敲钟的奴隶。圣母院里的一个高级僧侣偷看到吉卜赛女郎歌舞,便动了淫念,迫使敲钟人去把她劫掠过来。在劫掠中敲钟人遭到了群众的毒打,渴得要命,奄奄一息之际,给他水喝因而救了他命的正是他被他恶棍主子差遣去劫夺的吉卜赛女郎。她不但不跟群众一起去打他,而且出于对同受压迫的穷苦人的同情,毅然站出来救了他的命。她不仅面貌美,灵魂也美。这滴水之恩使敲钟人认识到什么是善和恶,美

和丑，什么是人类的爱和恨。以后到每个紧要关头，他都是吉卜赛女郎的救护人，甚至设法去成全她对卫队长的单相思。把她藏在钟楼里使她免于死的是他，识破那恶棍对她的阴谋的是他，最后把那个恶棍从高楼上扔下摔死，因而替女郎报了仇、雪了恨的也还是他。这个女郎以施行魔术的罪名被处死，尸首抛到地下墓道里，他在深夜里探索到尸首所在，便和她并头躺下，自己也就断了气。就是这样一个五官不全而又奇丑的处在社会最下层的小人物，却显出超人的大力、大智和大勇乃至大慈大悲。这是我在文艺作品中很少见到的小人物的高大形象。不瞒你说，我受到了很大的感动。

我说这次我上了一堂生动的美学课。这不仅使我坚定了一个老信念——现实生活经验和文艺修养是研究美学所必备的基本条件，而且使我进一步想到美学中的一些关键问题。首先是自然美与艺术美的关系和区别问题。现实中有没有像敲钟人那样小人物的高大形象呢？我不敢做出肯定或否定的回答，我只能说，至少是我没有见过。我认为雨果所写的敲钟人是艺术创造出来的奇迹，是经过夸张虚构、集中化和典型化才创造出来的。敲钟人的身体丑烘托出而且提高了他的灵魂美。这样，自然丑本身作为这部艺术作品中的一个重要因素，也就转化为艺术美。艺术必根据自然，但艺术美并不等于自然美，而自然丑也可以转化为艺术美，这就说明了艺术家有描写丑恶的权利。

这部影片也使我回忆起不久前读过的人民美术出版社1978年印行的罗丹的《艺术论》及其附载的一篇《读后记》。罗丹的《艺术论》是一位艺术大师总结长期艺术实践的经验之谈，既亲切而又深刻。在读过罗丹《艺术论》的正文之后再读《读后记》，不免感到《读后记》和正文太不协调了。不协调在哪里呢？罗丹是从亲身实践出发的，句句话都出自肺腑；《读后记》是从公式概念出发的，不但蔑视客观事实，而且帽子棍子满天飞。

过去这些年写评论文章和文艺史著作的都要硬套一个千篇一律的公式：先是拼凑一个历史背景，给人一个运用历史唯物主义的假象；接着就"一分为二"，先褒后贬，或先贬后褒，大发一番空议论，歪曲历史事实来为自己的片面论点打掩护。往往是褒既不彻底，贬也不彻底，褒与贬互相抵消。凭什么褒、凭什么贬呢？法官式的评论员心中早有一套法典，其中条文不外乎是"进步""反动""革命""人民性""阶级性""现实主义""浪漫主义""世界观""创作方法""自然主义""理想主义""人性论""人道主义""颓废主义"之类离开具体内容就很空洞的抽象概念，随处都可套上，随处都不很合式。任何一位评论员用不着对文艺作品有任何感性认识，就可以大笔一挥，洋洋万言。我很怀疑这种评论有几个人真正要看。这不仅浪费执笔者和读者的时间，而且败坏了文风和学风。现在是应该认真对待这个问题的时候了！

《读后记》的作者对罗丹确实有褒有贬，不过贬抵消了褒。我们先看他对罗丹所控诉的罪状，再考虑一下如果这些罪状能成立，罗丹还有什么可褒的？为什么把他介绍到中国来？

作者一方面肯定了罗丹的现实主义，另一方面又指责罗丹的现实主义"不过是'写真实'的别名"。我们还记得"写真实"过去在我们中间成了一条罪状，难道现实主义就不要"写真实"吗？作者还挑剔罗丹不该把现实主义说成"诚挚是唯一的法则"，理由是"根本不可能有什么超阶级的'诚挚'"。试问过去公认的一些阶级成分并不怎么好的现实主义大师，例如莎士比亚、菲尔丁、巴尔扎克、易卜生、托尔斯泰等等，都不"诚挚"，都在以说谎骗人为业吗？作者还重点地讨论了艺术如何运用丑的问题。他先褒了一笔，肯定罗丹描绘丑陋有不肯粉饰生活的"积极内容"，没有否认自然丑可以化为艺术美，接着就指责罗丹"偏爱残缺美"，毕竟"含有不健康的消极因素"，因为他"受到了颓废思潮的很深的影响"，"罗丹思想上同颓废派的联系，使他不能

二 从现实生活出发还是从抽象概念出发

正确辨认生活与艺术中的一切美丑现象"。试问罗丹既不能正确辨认生活与艺术中的一切美丑现象,他不就成了白痴吗?还凭什么创造出那些公认为杰出的作品呢?罪状还不仅此,罗丹"偏爱残缺美","也破坏了艺术的形式美","罗丹作品形式上的缺点正是反映了内容空虚和消极反动"。总之,一戴上"颓废派"的帽子,一个艺术家就必须一棍子打死。请问广大读者,罗丹的《艺术论》和罗丹的作品究竟在哪一点上表明他是个颓废派呢?就历史事实来说,罗丹在"思想上同颓废派"究竟有什么联系呢?和他联系较多的人是雨果和巴尔扎克,他替这两位伟大的小说家都雕过像,此外还有大诗人波德莱尔,他和罗丹是互相倾慕的。波德莱尔的诗集命名为《恶之花》,一出版就成了一部最畅销的书,可见得到了广大群众的批准。但是《恶之花》这个不雅驯的名称(趁便指出,原文 Mal 应译为"病",即"世纪病"中的"病","罪恶"是误译)便注定了他在某些人心目中成了"颓废派"的代表。罗丹和他确实有联系,那他也就成了颓废派。依这种逻辑,雨果和巴尔扎克当然也就应归入颓废派了。要深文罗织,找罪证也不难,雨果不是在《巴黎圣母院》里塑造了五官不全的奇丑的敲钟人吗?巴尔扎克不也写过许多丑恶的人丑恶的事吗?

我们在这里并不是要为颓废派辩护。在 19 世纪末,据

说颓废主义是普遍流行的"世纪病"。这是客观事实,而且也有它的历史根源。处在帝国主义渐就没落时期,一般资产阶级文化人和文艺工作者大半既不满现状而又看不清出路,有些颓废倾向,而且还宣扬人性论、人道主义、天才论、不可知论和一些其他的奇谈怪论。他们的作品难免有这样和那样的毒素,但毕竟有"不粉饰现实生活的积极内容",而且在艺术上还有些达到很高的成就,我们究竟应该如何对待他们呢?为着保健防疫,是不是就应干脆把他们一扫而空,在历史上留一段空白为妙呢?这其实就是"割断历史"的虚无主义,与马克思主义毫无共同之处。

朋友们,我和诸位在文艺界和美学界有"同行"之雅,在这封信里向诸位谈心,以一个年过80的老汉还经常带一点火气,难免要冒犯一些人。我实在忍不下去啦!请原谅这种苦口婆心吧!让我们振奋精神,解放思想,肃清余毒,轻装上阵吧!

三 谈 人

朋友们：

　　谈美，我得从人谈起，因为美是一种价值，而价值属于经济范畴，无论是使用还是交换，总离不开人这个主体。何况文艺活动，无论是创造还是欣赏、批评，同样也离不开人。

　　你我都是人，还不知道人是怎么回事吗？世间事物最复杂因而最难懂的莫过于人，懂得人就会懂得你自己。希腊人把"懂得你自己"看作人的最高智慧。可不是吗？人不像木石只有物质，而且还有意识，有情感，有意志，总而言之，有心灵。西方还有一句古谚："人有一半是魔鬼，一半是仙子。"魔鬼固诡诈多端，仙子也渺茫难测。

　　作为一种动物，人是人类学的研究对象。他经过无数亿万年才由单细胞生物发展到猿，又经过无数亿万年才由类人猿发展到人。正如人的面貌还有类人猿的遗迹，人的习性中也还保留着一些兽性，即心理学家所说的"本能"。

　　我们这些文明人是由原始人或野蛮人演变来的，除兽

性之外，也还保留着原始人的一些习性。要了解现代社会的人，还须了解我们的原始祖先。所以马克思特别重视摩根的《古代社会》，把它细绎过而且加过评注。恩格斯也根据古代社会的资料，写出《家庭、私有制和国家的起源》。在《自然辩证法》一书中，恩格斯还详细论述了劳动在从猿到人转变过程中的作用，谈到了人手的演变，这对研究美学是特别重要的。古代社会不仅是家庭、私有制和国家政权的摇篮，而且也是宗教、神话和艺术的发祥地。数典不能忘祖，这笔账不能不算。

　　从人类学和古代社会的研究来看，艺术和美是怎样起源的呢？并不是起于抽象概念，而是起于吃饭穿衣、男婚女嫁、猎获野兽、打群仗来劫掠食物和女俘以及劳动生产之类日常生活实践中极平凡卑微的事物。中国的儒家有一句老话："食、色，性也。""食"就是保持个体生命的经济基础，"色"就是绵延种族生命的男女配合。艺术和美也最先见于食、色。汉文"美"字就起于羊羹的味道，中外文都把"趣味"来指"审美力"。原始民族很早就很讲究美，从事艺术活动。他们用发亮耀眼的颜料把身体涂得漆黑或绯红，唱歌作乐和跳舞来吸引情侣，或庆祝狩猎、战争的胜利。关于这些，格罗斯（K·Groos）在《艺术起源》里讲得很详细，较易得到的普列汉诺夫的《没有地址的信》

三 谈 人

也可以参看。

在近代，人是心理学的主要研究对象。一个活人时时刻刻要和外界事物（自然和社会）打交道，这就是生活。生活是人从实践到认识，又从认识到实践的不断反复流转的发展过程。为着生活的需要，人在不断地改造自然和社会，同时也在不断地改造自己。心理学把这种复杂过程简化为刺激到反应往而复返的循环弧。外界事物刺激人的各种感觉神经，把映象传到脑神经中枢，在脑里引起对对象的初步感性认识，激发了伏根很深的本能和情感（如快感和痛感以及较复杂的情绪和情操），发动了采取行动来应付当前局面的思考和意志，于是脑中枢把感觉神经拨转到运动神经，把这意志转达到相应的运动器官，如手足肩背之类，使它实现为行动。哲学和心理学一向把这整个运动分为知（认识）、情（情感）和意（意志）这三种活动，大体上是正确的。

心理学在近代已成为一种自然科学，在过去是附属于哲学的。过去哲学家主要是意识形态制造者，他们大半只看重认识而轻视实践，偏重感觉神经到脑中枢那一环而忽视脑中枢到运动神经那一环，也就是忽视情感、思考和意志到行动那一环。他们大半止于认识，不能把认识转化为行动。不过这种认识也可以起指导旁人行动的作用。马克

思《关于费尔巴哈的提纲》第十一条说"哲学家们只是用不同的方式解释世界,而问题在于改变世界"(《马克思恩格斯选集》第1卷,第19页,人民出版社1972年版),就是针对这些人说的。

就连在认识方面,较早的哲学家们也大半过分重视"理性"认识而忽视感性认识,而他们所理解的"理性"是先验的甚至是超验的,并没有感性认识的基础。这种局面到17、18世纪启蒙运动中英国的培根和霍布斯等经验派哲学家才把它转变过来,把理性认识移置到感性认识的基础上,把理性认识看作是感性认识的进一步发展。英国经验主义在欧洲大陆上发生了深远影响,它是机械唯物主义的先驱,费尔巴哈就是一个著例。他"不满意抽象的思维而诉诸感性的直观;但是他把感性不是看作实践的、人类感性的活动"〔马克思:《关于费尔巴哈的提纲》,《马克思恩格斯选集》第1卷,第17页,人民出版社1972年版。"感性的"(*Sinnlich*),有"具体的"和"物质的"意思〕,对现实事物"只是从客体的或者直观的形式去理解,而不是把它们当作人的感性活动,当作实践去理解",结果是人作为主体的感性活动、实践活动、能动的方面,却让唯心主义抽象地发展了。而且"他没有把人的活动本身理解为客体的活动"(马克思:《关于费尔巴哈的提纲》,《马克思恩格斯选集》第1卷，第16页，人民出版社1972年版。"客体的"原译为"客观的"，不妥）。这份《提纲》是马克思主义哲学的核心，但在用词和行文方面有些艰晦，初学者不免茫然，把它的极端重要性忽视过去。这里所要解释的主要是认识和实践的关系，也就是主体（人）和客体（对象）的关系。费尔巴哈由于片面地强调感性的直观（对客体所观照到的形状），忽视了这感性活动来自人的能动活动方面（即实践）。毛病出在他不了解人（主体）和他的认识和实践的对象（客体）既是相对立而又相依为命的，客观世界（客体）靠人来改造和认识，而人在改造客观世界中既体现了自己，也改造了自己。因此物（客体）之中有人（主体），人之中也有物。马克思批评费尔巴哈"没有把人的活动本身理解为客体的活动"。参加过20世纪50年代国内美学讨论的人们都会记得多数人坚持"美是客观的"，我自己是从"美是主观的"转变到"主客观统一"的。当时我是从对客观事实的粗浅理解达到这种转变的，还没有懂得马克思在《提纲》中关于主体和客体统一的充满唯物辩证法的简赅的深刻意义。这场争论到现在似还没有彻底解决，来访或来信的朋友们还经常问到这一点，所以不嫌词费，趁此作一番说明，同时也想证明哲学（特别是马克思主义哲学）和心理学的知识对于研究美学的极端重要性。

谈到观点的转变，我还应谈一谈近代美学的真正开山鼻祖康德这位主观唯心论者对我的影响，并且进行一点力所能及的批判。大家都知道，我过去是意大利美学家克罗齐的忠实信徒，可能还不知道对康德的信仰坚定了我对克罗齐的信仰。康德自己承认英国经验派怀疑论者休谟把他从哲学酣梦中震醒过来，但他始终没有摆脱他的"超验"理性或"纯理性"。在《判断力的批判》上部，康德对美进行了他的有名的分析。我在《西方美学史》第十二章里对他的分析结果作了如下的概括叙述：

> 审美判断不涉及欲念和利害计较，所以有别于一般快感以及功利的和道德的活动，即不是一种实践活动；审美判断不涉及概念，所以有别于逻辑判断，即不是一种概念性认识活动；它不涉及明确的目的，所以与审美的判断有别，美并不等于（目的论中的）完善。
>
> 审美判断是对象的形式所引起的快感。这种形式之所以能引起快感，是因为它适应人的认识功能（即想象力和知解力），使这些功能可以自由活动并且和谐地合作。这种心理状态虽不是可以明确地认识到的，却是可以从情感的效果上感

觉到的。审美的快感就是对于这种心理状态的肯定，它可以说是对于对象形式（客体）与主体的认识功能的内外契合……所感到的快慰，这是审美判断中的基本内容。

康德的这种美的分析有一个明显的致命伤。他把审美活动和整个人的其他许多功能都割裂开来，思考力、情感和追求目的的意志在审美活动中都从人这个整体中阉割掉了，留下来的只是想象力和知解力这两种认识功能的自由运用与和谐合作所产生的那一点快感。这两种认识功能如何自由运用与和谐合作，也还是一个不可知的秘密，因为他明确地说过"审美趣味方面没有客观规则"，艺术是"由自然通过天才来规定法则的"。他把美分为"纯粹美"和"依存美"两种，"美的分析"只针对"纯粹美"，到讨论"依存美"时，康德又把他原先所否定的因素偷梁换柱式地偷运回来，前后矛盾百出。就对象（客体）方面来看也是如此，他先肯定审美活动只涉及对象的形式，也就是说，与对象的内容无关；可是后来讨论"理想美"时却又说"理想是把个别事物作为适合于表现某一观念的形象显现"，这种"观念"就是"一种不确定的理性概念"，"它只能在人的形体上见出，在人的形体上，理想是道德精神的表现"。

指出如此等类的矛盾,并不是要把康德一棍子打死。康德对美学问题是经过深思熟虑的,发现其中有不少难解决的矛盾。他自己虽没有解决这些矛盾,却没有掩盖它们,而是认为可以激发后人的思考,推动美学的进一步发展。不幸的是后来他的门徒大半只发展了他的美只涉及对象的形式和主体的不带功利性的快感,即只涉及"美的分析"那一方面,而忽视了他对于"美的理想""依存美"和对"崇高"的分析那另一方面。因此就产生了"为艺术而艺术""形式主义",克罗齐的"艺术即直觉""美学只管美感经验",美感经验是"孤立绝缘的"(闵斯特堡)、和实际事物保持"距离"的(缪勒·弗兰因菲尔斯)以及"超现实主义",象征派的"纯诗"运动,巴那斯派的"不动情感""取消人格"之类五花八门的流派和学说,其中有大量的歪风邪气,康德在这些方面都是始作俑者。

近一百年中对康德持异议的也大有人在。例如康德把情感和意志排斥到美的领域之外,继起的叔本华就片面强调意志,尼采就宣扬狂歌狂舞、动荡不停的"酒神精神"和"超人",都替后来德国法西斯暴行建立了理论基础。这种事例反映了帝国主义垂危时期的社会动荡和个人自我扩张欲念的猖獗。这个时期变态心理学开始盛行,主要的代表也各有一套美学或文艺理论,都明显地受到尼采和叔本华的影响。首屈一指的是弗洛伊德。他认为原始人类婴儿对自己父母的性爱和妒忌所形成的"情意综"(男孩对母亲的性爱和对父亲的妒忌叫作"俄狄浦斯情意综",女孩对父亲的性爱和对母亲的妒忌叫作"伊勒克屈娜情意综")到了现在还暗中作祟,采取化装,企图在文艺中得到发泄。于是文艺就成了"原始性欲本能的升华"。弗洛伊德的门徒之一爱德洛却以个人的自我扩张欲(叫作"自我本能")代替了性欲。自我本能表现于"在人上的意志",特别是生理方面有缺陷的人受这种潜力驱遣,努力向上,来弥补这种缺陷。例如贝多芬、莫扎特和舒曼都有耳病,却都成了音乐大师。

像上面所举的这类学说现在在西方美学界还很流行,其通病和康德一样,都在把人这个整体宰割开来成为若干片段,单挑其中一块来,就说人原来如此,或是说,这一点就是打开人这个秘密的锁钥,也是打开美学秘密的锁钥。这就如同传说中的盲人摸象,这个说象是这样,那个说象是那样,实际上都不知道真象究竟是个啥样。

谈到这里,不妨趁便提一下,19世纪以来西方美学界在研究方法上有机械观与有机观的分野。机械观来源于牛顿的物理学。物理学的对象本来是可以拆散开来分零件研究,把零件合拢起来又可以还原的。有机观来源于生物学和有机化学。有机体除单纯的物质之外还有生命,这就必

须从整体来看，分割开来，生命就消灭了。解剖死尸，就无法把活人还原出来。机械观是一种形而上学，有机观就接近于唯物辩证法。上文所举的康德以来的一些美学家主要是持机械观的。当时美学界有没有持有机观的呢？为数不多，德国大诗人歌德便是一个著例，他在《收藏家和他的伙伴们》的第五封信中有一段话是我经常爱引的：

> 人是一个整体，一个多方面的内在联系着的各种能力的统一体。艺术作品必须向人这个整体说话，必须适应人的这种丰富的统一体，这种单一的杂多。

这就是有机观。这是伟大诗人从长期文艺创作和文艺欣赏中所得到的经验教训，不是从抽象概念中得出来的。着重人的整体这种有机观，后来在马克思的《经济学—哲学手稿》里得到进一步发展，为辩证唯物主义和历史唯物主义奠定了基础。关于这一点，我们在以后的信里还要详谈。

四 关于马克思主义与美学的
　　一些误解

朋友们：

前信提到马克思关于人的全面发展的整体看法。在说明这看法之前，先要瞭望一眼马克思主义与美学这个总的局势以及对这个问题的一些流行的误解。

头一个基本问题是：我们如果不弄通马克思主义，是否也可以研究美学？我想，口头上大概是没有人会说研究美学用不着马克思主义的。但是口头上承认，不等于实际上就认真去做。我们提倡"解放思想"，但不能从马克思主义思想中"解放"出来。搞文艺理论的人满街走，是不是所有的人都在认真钻研马克思主义呢？这是值得注意的一个问题。不肯钻研的人有很多借口，其中之一就是马克思主义创始人并没有写过一部美学或文艺理论的专著，说不上有一个完整的美学体系。关于这一点，待以后信中再谈。此外林彪、"四人帮"横行时期，打着马克思主义大旗来反对马克思主义，严重破坏了我们的学风，至今余毒犹存，也影响了一些同志的学习热情。还有些真心实意要想运用

马克思主义来搞美学的同志，有时也会误入与马克思主义背道而驰的道路上去。比如，片面强调美的客观性，坚持美与主观思想感情无关，硬说形象思维是子虚乌有，闭口不敢谈人性论、人道主义和人情味，等等。在学会就具体问题进行具体分析的马克思主义的科学方法之前，简单化总是走抵抗力最弱的道路。

我自己经常就这个问题进行反省，还是不敢打保票，保证自己已免疫了。柏拉图、康德、黑格尔和克罗齐这些唯心主义的美学大师统治了我前大半生的思想，先入为主，我怎么能打这种保票呢？不过有一点我现在是确信不移的，这就是：研究美学如果不弄通马克思主义，那就会走入死胡同。有人会问：你的那些祖师爷，柏拉图、康德、黑格尔等等都没有接触到马克思主义，不是在美学上都有很高的造诣吗？我回答说：他们行，我们现在可不行！理由很简单。历史在进展，我们和他们处在不同时代和不同类型的社会。他们的现实生活不是我们的现实生活，我们所要解决的问题和所凭借的物质基础、思想资料和他们的已大不相同，马克思主义在今天已掌握了广大群众，工人阶级已成了主宰世界的力量。我们已进入了大工业时代，我们的文艺的服务对象是广大的劳动人民而不是少数有闲阶级和精神贵族；我们的文艺媒介已经发展到电影和电视而不仅仅

四 关于马克思主义与美学的一些误解

是书本、小剧场或小型展览。现在全世界各民族之间的文化交流已比过去远为广泛而迅速,没有哪一个民族可以"闭关自守"。凡此种种都说明历史在前进。马克思主义的诞生和传播,社会主义国家的兴起和发展都标志着人类历史上的一个空前重大的转折点,难道今天进行任何部门的科学研究,能抛开马克思主义吗?就我个人来说,尽管我很晚才接触到马克思主义,近二十年来一直还在摸索,但已感觉到这方面的学习已给我带来了新生,使我认识到对我的那些唯心主义祖师爷也要运用辩证唯物主义和历史唯物主义进行分析批判,去伪存真,批判继承,为我所用,而决不能亦步亦趋地走他们的老路,走老路就是古人所说的"刻舟求剑",总不免劳而无功。在踏上四个现代化的新的征途上,全国人民意气风发,形势一片大好,眼看经济高涨会带来科学文化的高涨。我对马克思主义美学在我国的宏大远景抱有坚定不移的信心,下定决心要趁余年尽一点绵薄的力量。我不一定亲身就能看得到这种宏大远景的到来,但是深信广大的新生力量一定会同心协力地沿着马克思主义的光明大道,把美学这把火炬传递下去,胜利终究是属于我们的!

第二个问题是上文已提到的,马克思主义创始人没有写过一部美学或文艺理论专著,是否就没有一个完整的美学体系呢？写过或没有写过美学专著，和有没有完整的美学体系并不是一回事。马克思主义创始人没有写过美学专著，这是事实；说因此就没有一个完整的美学体系，这却不是事实。某些人有这种误解，和《马克思恩格斯论文艺》的选本有关。选本对于普及马列文艺思想和帮助初学者入门，应该说还是有点用处的。但目前流行的几种选本有个共同的毛病：就是划了一些专题的鸽子笼，把马克思主义创始人的论著整章整段地割裂开来，打散了，把上下文的次第也颠倒过来了，于是东捡一鳞，西拾一爪，放进那些专题鸽子笼里去，这样支离破碎，使读者见不到一部或一篇论著的整体和前后的内在联系。这样怎么还能见出马列主义的完整体系呢？这类选本之中也有比较好的，例如较早的民主德国利夫席茨（Lifchitz）的《马克思恩格斯论艺术》（有中译本）和苏联国家出版社编的较简赅的《马克思恩格斯论文学》。编得最坏的是俄文本《马克思恩格斯论艺术》（也有中译本），其中一开始便是"艺术创作的一般问题"，用大量篇幅选些关于"革命悲剧""现实历史中的悲剧和喜剧""黑格尔的美学"等方面的论著，仿佛这些就是艺术理论中的首要问题。至于真正的首要问题——辩证唯物主义和历史唯物主义，反降到次要地位，选目也很零碎。例如马克思的《关于费尔巴哈的提纲》这样对马克思主义的实

四 关于马克思主义与美学的一些误解

践观点特别重要的文献竟没有入选。我们自己根据这类选本编的《马克思恩格斯论文艺》也有同样的毛病而分量更单薄,而各大专院校所经常讨论的项目就更单薄,注意力往往集中到评论具体作者和具体作品的几封信上去。从这些零星片面的资料来看,当然很难看得出马克思主义创始人已经有一套完整的美学体系了。

问题还在于什么才是美学体系?已往的美学大师没有哪一位没有完整的体系,唯心的或是唯物的,形而上学的或是辩证的。单拿马克思来说,美学在他的整个思想大体系中只是一个小体系。小体系是不能脱离大体系来理解的。马克思主义大体系就是辩证唯物主义和历史唯物主义,以及从此生发出来的<u>认识来自实践</u>的基本观点。实践是具有社会性的人凭着他的"本质力量"或功能对改造自然和社会所采取的行动,主要见于劳动生产和社会革命斗争。应用到美学里来说,文艺也是一种劳动生产,既是一种精神劳动,也并不脱离体力劳动;既能动地反映自然和社会,也对自然和社会起改造和推进作用。作为一种意识形态,文艺归根到底要受经济基础的决定作用,反过来又对经济基础和政法的上层建筑发生反作用。人与自然(包括社会)绝不是两个互不相干的对立面,而是不断地互相斗争又互相推进的。因此,人之中有自然的影响,自然也体现着人的

本质力量,这就是"人化的自然"和"人的对象化",也就是主客观统一的基本观点。从这个基本的实践观点出发,马克思既揭示了文艺的起源和性质,又追溯了文艺经过不同社会类型的长久演变,还趁便分析一些具体的文艺作家和作品,从而解决了一系列文艺创作方面的重要问题,例如现实主义与浪漫主义,莎士比亚化与席勒方式,人物性格与典型环境的关系,文艺与物质媒介的关系,文艺与批判继承的关系,以及作为对需要的供应,文艺与读者、观众的关系,如此等等。试问这一切还不能构成马克思主义美学的完整体系吗?对我们造成困难的是这个完整体系是经过长期发展而且散见于一系列著作中的,例如从《经济学—哲学手稿》《德意志意识形态》《关于费尔巴哈的提纲》《政治经济学批判》直到《剩余价值论》《资本论》和一系列通信。要说体系,马克思主义美学体系比起过去任何美学大师(从柏拉图、亚里士多德到康德、黑格尔和克罗齐)所构成的任何体系都更宏大,更完整,而且有更结实的物质基础和历史发展的线索。我们的困难就在于要掌握这个完整体系,就非亲自钻研上述一系列的完全的经典著作不可。这是一条曲折而又崎岖的道路,许多马克思主义美学信徒都没有勇气战胜困难而妄想找"捷径",于是语录式的《马克思恩格斯论文艺》之类支离破碎的选本就应运而生。

四 关于马克思主义与美学的一些误解

人们就认为这些选本已把马克思主义美学的山珍海味烹调成了一盘"全家福",足供我们享受而有余了。<u>专靠"吃现成饭"过活的人生活就不会过得好</u>。要弄通马克思主义美学的完整体系,就不但要亲口咀嚼,不要靠人喂,而且还要亲自费力去采集原料,亲手去烹调,这样吃下去才易消化,才真正地受用。

宇宙是一个整体,人类社会和自然界也是一个整体,自然科学和社会科学也日渐构成一个整体。"荷叶藕,满塘转",互相因依,牵一发即动全身。所以我们决不能把美学看成一门独立自足的科学,把门关起来靠"自力更生"。有些立志要搞美学的人既不学哲学,又不学历史,又没有文艺实践经验,连与美学密切相关的心理学、社会学、文学史、艺术史、语言学乃至宗教神话之类也不想问津,甚至对当前文艺动态也漠不关心,而关起门来"深思默索",玩弄概念游戏,像蜘蛛一样,只图把肚子里的丝吐出来,就结成一面包罗万象的大网。这是妄想!只学马克思主义而不学其他,也决学不通马克思主义,美学也是如此。试想一想,马克思在指导工人运动之外,还积蓄了多么渊博的学识!而且还写出那么多的不朽著作!学马克思主义也好,学马克思主义美学也好,首先要学习马克思的这种认真刻苦、勇猛前进的精神。

目前我们都还有一个外语难关要破。试想一想,马克思、恩格斯和列宁之中哪一位不精通几种外语,不但能用外语阅读,而且能用外语写作。为什么学习美学也要攻克外语难关?因为学会外语,才能掌握不可缺少的资料。马克思、恩格斯在《共产党宣言》里就已指出,在世界市场既已形成的资本主义时代:

> ……过去那种地方的民族的自给自足和闭关自守状态,被各民族的各方面的互相往来和各方面的互相依赖所代替了。物质的生产是如此,精神的生产也是如此。各民族的精神产品成了公共的财产。民族的片面性和局限性日益成为不可能,于是由许多种民族的和地方的文学形成了一种世界文学。(《马克思恩格斯选集》第1卷,第255页,人民出版社1972年版)

这里"文学"一词原文是 Literatur,原指"文献",包括各门学问的资料,当然也包括文学艺术方面的资料。搞一门科学,先要占领它的主要资料(书本的和实地调查的)。无论是马克思主义经典论著,还是美学论著,我们已占领的资料实在贫乏得可怜。我经常接到许多青年美学爱好者

四 关于马克思主义与美学的一些误解

来信托我买书寄资料,我体会到他们的难处,但是我也无法可设,常叫他们失望,我感到这是很大的精神负担。不但他们,我自己近二三十年来在资料方面也长久与世隔绝,真是束手无策,坐井观天。近来我又在重新摸索二十多年前就已摸索过的马克思在 1844 年写的而在 1932 年才在柏林出版的《经济学—哲学手稿》,因为这部手稿对学习马克思主义美学是必不可少的。我仍经常遇到困难。我找了两部中译本来读,想得些帮助。可是原来没有懂的还是不易搞懂,而且发现译文比原文还更难懂,一则对原文误解不少,二则中文也嫌拖沓生硬。因此我更感到外语这一关必须攻破,中文也还有研究的必要。作为练习,我就从这部手稿中关键性的两章自己摸索着译,译出来自己还是不满意,不过对原文比过去似懂得多一点,功夫还不是白费的。我也趁此摸了摸这方面的资料的底,才知道近三十年来全世界马克思主义研究者都在对这部手稿进行着热烈的争论,西方已出的书刊就有无数种,而我却毫无所知。科学资料工作我们实在太落后了,科学研究工作怎么能搞得上去呢?听说社会科学院有关部门也在研究这部手稿和翻译介绍有关的资料,我祝愿这项工作早日成功,把译出的资料公开发行。

五 艺术是一种生产劳动

朋友们：

前两信收尾时曾谈到马克思的辩证唯物主义彻底解决了人与自然、主体与客体、心与物这些对立面的统一，现在就单从艺术方面来看这种辩证统一是如何通过劳动来实现的。艺术是一种生产劳动，是精神方面的生产劳动，其实精神生产与物质生产是一致的，而且是互相依存的。我们的根据主要是马克思的《经济学—哲学手稿》《资本论》第一卷里关于"劳动"和恩格斯的《自然辩证法》中关于"从猿到人"的论述。

在《经济学—哲学手稿》里，马克思要论证人类何以必然要废除资本主义社会的私有制，才能达到共产主义。他是从劳动者及其劳动来看这个问题的。在私有制之下，一切财富都是由劳动者生产出来的，而劳动者却不但被剥夺去他的生产资料、生活资料和劳动产品，而且还被剥夺去他作为社会人的"本质力量"或固有才能，沦为机器零件，沦为商品，过着非人的生活。马克思把这种情况叫作"异化"。

要彻底废除私有制,才能彻底消除这种"异化",才能进入共产主义。马克思给真正的共产主义下了一个意义深远的定义:

> 共产主义就是作为人的自我异化的私有制的彻底废除,因而就是通过人而且为着人,来真正占有人的本质。所以共产主义就是人在此前发展出来的全部财富范围之内,全面地自觉地回到人自己,即回到一种社会性的(即人性的)人的地位。这种共产主义作为完善化的(注:"完善化的",即"充分发展的""彻底的")自然主义,就等于人道主义;作为完善化的人道主义也就等于自然主义。共产主义就是人与自然之间和人与人之间的对立冲突的真正解决,也就是存在与本质,对象化与自我肯定,自由与必然,个体与物种之间纠纷的真正解决。共产主义就是历史谜语的解决,而且认识到自己就是这种解决。

这是辩证唯物主义的一个较早的提法,是贯穿在全部手稿中的一条红线。马克思在下文又就人与社会的关系作了补充:

五 艺术是一种生产劳动

自然中所含的人性的本质只有对于社会的人才存在；因为在社会里，自然对于人才作为人和人的联系纽带而存在——他为旁人而存在，旁人也为他而存在——这是人类世界的生活要素（注："要素"，即"基本原则"）。只有这样，自然才作为人自己的人性的存在的基础而存在。只有这样，对人原是自然的存在才变成他的人性的存在，自然对于他就成了人。因此，社会就是人和自然的完善化的统一体——自然的真正复活——人的彻底的自然主义和自然的彻底的人道主义。

从此可见，人道主义与自然主义的辩证统一含有两点互相因依的要义：人之中有自然，自然之中也有人。人得到充分发展要靠自然得到充分发展，自然得到充分发展也要靠人得到充分发展。自然是人的物质食粮和精神食粮的来源，是人的生产劳动的基础和手段。人在劳动中才开始形成社会。生产劳动就是社会性的人凭他的本质力量对自然的加工改造。在这过程中，自然日益受到人的改造，就日益丰富化，就成了"人化的自然"；人发挥了他的本质力量，就是肯定了他自己，他的本质力量就在改造的自然中"对象化"了,因而也日益加强和提高了。这就是人在改造自然之中也改造了自己。人类历史就这样日益发展下去,直到共产主义,人和自然双方都会得到充分发展,这就是"人的彻底的自然主义和自然的彻底的人道主义"的辩证统一。

中国先秦诸子有一句老话:"人尽其能,地尽其利。""人尽其能"就是彻底的人道主义,"地尽其利"就是彻底的自然主义。不过这句中国老话没有揭示人与自然的统一和互相因依,只表达了对太平盛世的一种朴素的愿望。马克思却不仅揭示了人与自然的统一,而且替共产主义奠定了一个坚实的哲学基础,实际上也替美学和艺术奠定了一个马克思主义的哲学基础。就是在讨论人与自然的统一时,马克思提出了"美的规律",我们不妨细心研究一下马克思的原话:

> 通过实践来创造一个对象世界,即对有机自然界进行加工改造,就证实了人是一种存在……动物固然也生产,它替自己营巢造窝,例如蜜蜂、海狸和蚂蚁之类。但是动物只制造它自己及其后代直接需要的东西,它们只片面地生产,而人却全面地生产;动物只有在肉体直接需要的支配之下才生产,而人却在不受肉体需要的支配时也生

产,而且只有在不受肉体需要的支配时,人才真正地生产;动物只生产动物,而人却再生产整个自然界;动物的产品直接联系到它的肉体,而人却自由地对待他的产品;动物只按照它所属的那个物种的标准和需要去制造,而人却知道怎样按照每个物种的标准来生产,而且知道怎样到处把本身固有的标准运用到对象上来制造,因此,人还按照美的规律来制造。

从这段重要文献可以看出以下几点:

一、精神生产和物质生产的一致性。人通过劳动实践对自然加工改造,创造出一个对象世界。这条原则既适用于工农业的物质生产,也适用于包括文艺在内的精神生产。这两种生产都既要根据自然,又要对自然加工改造,这就肯定了文艺的现实主义,排除了文艺流派中的自然主义。

二、人不同于动物在于人有自意识(即自觉性)。他意识到自己就是人类一个成员,而且根据这种认识来生产。动物只在受肉体直接需要的支配之下片面地生产,人却是根据人类的深远需要全面地自由地生产。这就肯定了文艺的广阔题材和社会功用,具体的实例是蜜蜂营巢和建筑师仿制蜂房的分别。

三、"人还按照美的规律来制造"。人的生产无论是精神的还是物质的，都与美有联系，而美有美的规律。这句话前面有"因此"连接词，足见是总结全段上文。"此"显然指上文所列的两条：一条是"人知道怎样按照每个物种的标准来生产"。标准就是由每个物种的需要来决定的规律。动物只按自己所属的那个物种的直接需要来制造，例如蜂营巢，人却全面地自由地生产，能运用每个物种的标准，例如建筑师既能仿制蜂巢，又能建造高楼大厦和其他工程。这就是前一条的要求。另一条比前一条更进了一步，人"知道怎样到处把本身固有的标准运用到对象上来制造"。这本身固有的标准是属于对象的，也就是根据对象本身固有的规律。恩格斯论述"从猿到人"时说："我们对自然界的整个统治，是在于我们比一切其他动物强，能够认识和正确运用自然规律。"马克思所说的"对象本身固有的规律"也就是恩格斯所说的"自然规律"。就文艺来说，这就涉及认识整个客观世界和人们所曾探讨的文艺本身的各种规律。可见"美的规律"是非常广泛的，也可以说就是美学本身的研究对象。

马克思在《经济学—哲学手稿》里还说过："人是用全面的方式，因而是作为整体的人，来掌握他的全面本质。"这个"人的整体"观点也是文艺方面的一条基本规律。"本

质"有时也叫作"本质力量",究竟是些什么呢?马克思举例如下:

> 视、听、嗅、味、触、思维、观照、情感、意志、活动、生活,总之,人的个体所有的全部器官,以及在形式上属于社会器官(即交流思想情感的器官,主要指语言器官)一类的那些器官,都是针对着对象,要占领或掌管该对象,要占领或掌管人类的现实界,它们针对对象的活动就是人类的现实生活的活动。

过去心理学只把视、听、嗅、味、触叫作"五官",每一种器官管一种感觉。马克思把器官扩大到人的肉体和精神两方面的全部本质力量和功能。五官之外他还提到思维、意志、情感(在另一段还提到"爱情")。器官的功用不仅在认识或知觉,更重要的是"占领或掌管人类的现实界"的"人类现实生活的活动"。这就必然要包括生产劳动的实践活动,其中包括艺术和审美活动。各种感官都是在长期历史发展中由实践经验逐渐形成的。"各种感官的形成是从古到今全部世界史的工作成果"。

举听觉为例,马克思说过:

> 正如只有音乐才能唤醒人的音乐感觉,对于不懂音乐的耳朵,最美的音乐也没有意义,就不是它的对象,因为我的对象只能是我的本质的表现。

这两句极简单的话解决了美和美感以及美的主观性和客观性的问题。上句说音乐美感须以客观存在的音乐为先决条件,下句说音乐美也要靠有"懂音乐的耳朵"这个主观条件。请诸位想一想:一、美单是主观的,或单是客观的吗?二、美能否离开美感而独立存在呢?想通了这两个问题,许多美学上的问题就可迎刃而解了。

马克思的《资本论》是他的思想成熟时期的主要著作,它是否就已抛弃了《经济学—哲学手稿》的一些基本论点呢?我们现在就来研究一下《资本论》第一卷第三篇第五章中马克思对"劳动过程"所做的著名的总结,其中关键性段落如下:

> 劳动首先是人和自然都参加的一种过程,在这种过程中,人凭自己的活动作为媒介,来调节和控制他跟自然之间的物质交换。人自己也作为

五 艺术是一种生产劳动

一种自然物质来对待自然物质。他为着要用一种对自己生活有利的方式去占领自然物质,于是发动肉体的各种自然力,例如肩膀、腿以及头和手。人在通过这种运动对自然加工改造之中,也就在改造他本身的自然(本性),促使他的原来睡眠着的各种潜力得到发展,并且服从他的控制。我们在这里讨论的不是原始动物的本能的劳动,现在的劳动是由劳动者拿到市场上出卖的一种商品,和原始动物的本能劳动的情况已隔着无数亿万年了。我们现在谈的是人类所特有的那种劳动。蜘蛛结网,颇类似织工纺织;蜜蜂用蜡来造蜂房,使许多人类建筑师都感到惭愧。但是就连最拙劣的建筑师也比最灵巧的蜜蜂要高明,因为建筑师在着手用蜡来造蜂房之前,就已经在头脑里把那蜂房构成了。劳动过程结束时期取得的成果在劳动过程开始时就已存在于劳动者的观念中了,已经以观念的形式存在着了。他不仅造成自然物的一种形态改变,同时还在自然中实现了他所意识到的目的。这个目的就给他的动作的方式和方法规定了法则(或规律)。他还必须使自己的意志服从这个目的。这种服从并不仅在一些零散动作上,而是在整个劳动过程中各种劳动器官都要紧张起来，此外还要行使符合目的的意志，具体表现为集中注意（聚精会神）。劳动的内容和进行方式对劳动者须有吸引力，吸引力愈少，劳动者就愈不能从劳动中感到运用肉体和精神两方面的各种力量的乐趣，同时也就愈需要加强集中注意。

这段引文有以下几个要点值得特别注意：

一、开宗明义就指出"劳动首先是人和自然都参加的一种过程"，说明主体和客体都不可偏废。人在劳动过程中改造了自然也改造了自己。这还是贯穿在《经济学—哲学手稿》中的人道主义与自然主义统一那条红线。

二、这里引用了蜜蜂造蜂房的例证来重申人的自觉性。人与动物的分别在人在劳动生产之前心里已先有蓝图，有了观念（Idee，即"意象"）和目的（生产品的功用），而这个目的就规定了动作的方式和方法的法则（规律），即《经济学—哲学手稿》中"物种标准"和对象"本身固有的规律"。成品出产以前先以观念或意象（蓝图）的形式存在脑里，这就肯定了形象思维。

三、这里重申了各种劳动器官的全面合作，都要紧张起来，这就表现为"注意"或"聚精会神"。能引起"注

五 艺术是一种生产劳动

意"和"紧张"就说明劳动的内容和方式都有吸引力,使劳动者在劳动中感到发挥全身本质力量的"乐趣"。这"乐趣"就是美感。美感首先是由生产劳动本身引起的。所以说,艺术起源于劳动。

《经济学——哲学手稿》和《资本论》里的论"劳动"对未来美学的发展具有我们多数人还没有想象到的重大意义。它们会造成美学领域的彻底革命,我们只消回顾一下已往统治西方美学的从康德到克罗齐那一系列的唯心主义大师的论点,把它们和马克思主义的论点细心比较一下,便会明白这个道理。

《资本论》里关于"劳动"的论述足以证明马克思在成熟时期并没有放弃《经济学—哲学手稿》中的一些基本论点。能证明这一点的还有恩格斯的《自然辩证法》中的关于"从猿到人"的论述。这篇1876年才写成的论文是《经济学—哲学手稿》的最透辟的阐明和进一步的发挥。文字较通俗易读,读者如果细心对照一下,便会看出它和《经济学—哲学手稿》是一脉相承的。

恩格斯也是从生产劳动来看人和社会发展的。他一开始就说:"劳动和自然界一起才是一切财富的源泉……它是整个人类生活的第一基本条件……劳动创造了人本身。"在人本身各种器官之中恩格斯特别强调了人手、人脑和语言器官的特殊作用。人手在劳动中得到高度发展,到能制造劳动工具时,手才"变得自由","所以人手不仅是劳动的工具,它还是劳动的产物"。人手在长期历史发展中通过劳动愈来愈完善,愈灵巧。

> 在这个基础上人手才能仿佛凭着魔力似的产生了拉斐尔的绘画、托尔瓦德森的雕刻以及帕格尼尼的音乐。

这个实例就足够生动地说明艺术起源于劳动了。

恩格斯还根据达尔文的生长关联规律,证明手不是孤立的,手的改变也引起脚和其他器官的改变。人脚能直立,行动更方便,人的眼界也扩大了,在自然事物中不断发现新的属性了。劳动的发展必然促进人与人的互助协作,"到了彼此间有些什么非说不可了",这就产生了语言的器官。语言是从劳动中并和劳动一起产生出来的。不但人,就连某些动物(如鸟),也能学会一种语言,从此就获得"依恋、感谢等等表现情感的能力"了。"首先是劳动,然后是语言和劳动一起,成了两个最主要的推动力,使人的脑髓及其所统辖的各种器官一齐发展起来,日渐趋于完善化,从而人的意识也愈来愈清楚,抽象能力和推理能力也日渐发展起来了。等到人完全形成，就产生了社会这个新因素，作为一种有力的推动力，同时也使人的行动有更确定的方向"。

这里说的"社会"不是本能式的社会性，而是有组织的形成制度的团体。有了社会，"人有能力进行愈来愈复杂的活动，提出和达到愈来愈高的目的"，劳动本身也日益多样化和完善化。游牧打猎之外又有了农业、商业、手工业和航行术。接着恩格斯对社会发展史作了简括的叙述：

> 同商业和手工业一起，最后出现了艺术和科学，从部落发展成了民族和国家。法律和政治发展起来了，而且和它们一起，人的存在在人脑中的幻想的反映——宗教，也发展起来了。

由于这些意识形态都"首先表现为头脑的产物"，头脑似乎是统治着人类社会的东西，手所制造的东西就退到次要地位，手的活动便仿佛只是执行脑所计划好的劳动，人们便习惯于把全部文明归功于脑的活动即思维的活动，这样就产生了唯心主义世界观，认识不到劳动在社会发展中所起的作用了。

恩格斯尽管指出唯心主义世界观使存在与思维的关系本末倒置，却也丝毫不贬低人在统治自然之中思维所起的

<u>巨大作用</u>,他拿人和动物比较说:

> 但是人离开动物愈远,他们对自然界的作用就愈带有经过思考的,有计划的,向着一定的和事先知道的目标前进的特征。

此外,人统治自然的能力也远比动物大:

> 动物仅仅利用外部自然界……而人则通过他所做出的改变来使自然界为他的目的服务,来支配自然界,这便是人同其他动物的最后的本质的区别所在,而造成这一区别的还是劳动。
> ……我们对自然界的整个统治,是在于我们比其他一切动物强,能够认识和正确运用自然规律。

人愈正确地理解自然规律,也就:

> 愈会认识到人自身和自然界的一致,而那种把精神和物质,人类和自然,灵魂和肉体对立起来的荒谬的反自然的观点,也就愈不可能存在了。

这是一个极其重要的结论,这正是马克思在《经济学—哲学手稿》里所做出的人道主义与自然主义的统一的那个结论。从此可以见出认为《经济学—哲学手稿》的基本观点已过时以及"美纯粹是客观的"之类说法是多么"荒谬和反自然"了。

六 冲破文艺创作和美学中的一些禁区

朋友们：

我国从新中国成立以来，在党的百花齐放、推陈出新的方针指引下，文艺才获得了新生，在短短的三十年之中，出现了前所未有的繁荣景象。不过，发展的道路向来是崎岖曲折的，在这30年之中，我们不断受到左的和右的干扰，特别是林彪和"四人帮"对文艺界施行法西斯专政长达十年之久，对文艺创作和理论凭空设置了一些禁区，强迫文艺界就范，因而造成了万马齐喑的局面。

今天，一场马克思主义的思想解放运动正在深入展开，形势是很好的；但有些同志面对着过去形成的一些禁区仍畏首畏尾，裹足不前。这种徘徊观望状态是和四个现代化的步伐不合拍的。让我们运用马克思主义的思想武器，一起来冲破禁区吧。

要冲破的究竟有哪些禁区呢？

一、首先就是人性论。什么叫作人性？它就是人类自然本性。古希腊有一句流行的文艺信条，说"艺术模仿自然"，这个"自然"主要就指"人性"。西方从古希腊一直到现代还有一句流行的信条，说文艺作品的价值高低取决于它模仿（表现、反映）自然是否真实。我想不出一个伟大作家或理论家曾经否定过这两个基本信条，或否定过这两个信条的出发点，尽管人性论在性善性恶的问题上常有分歧。我们中国过去在人性论问题上也基本上和西方一致，可是近来人性论在我们中间却成了一条罪状或一个禁区。特别在流行的文学史课本中说某个作家的出发点是人性论，就是对他判了刑，至少是嫌他美中不足。为什么出现了这种论调呢？据说是相信人性论，就要否定阶级观点，仿佛是自从人有了阶级性，就失去了人性，或者说，人性就不再起作用。显而易见，这对马克思主义者所强调的阶级观点是一种歪曲。人性和阶级性的关系是共性与特殊性或全体与部分的关系。<u>部分并不能代表或取消全体</u>，肯定阶级性并不是否定人性。在前信里，我们已经看出马克思所强调的"人的肉体和精神两方面的本质力量"便是人性，马克思正是从人性论出发来论证无产阶级革命的必要性和必然性，论证要使人的本质力量得到充分地自由发展，就必须消除私有制的。毛主席关于人性的阐述也很明确：

> 有没有人性这种东西？当然有的。但是只有

六 冲破文艺创作和美学中的一些禁区

具体的人性,没有抽象的人性。在阶级社会里就是只有带着阶级性的人性,而没有什么超阶级的人性。(《毛泽东选集》第3卷,第827页,人民出版社1967年版)

很明显,阶级性也是在人性的基础上形成的。到了共产主义时代,阶级消失了,人性不但不消失,而且会日渐丰富化和高尚化。那时文艺虽不再具有阶级性,却仍必然要反映人性,当然反映的是具体的人性。所谓"具体",就是体现于阶级性以外的其他特性,体现于共产主义时代的具体人物和具体情节。

总之,凭阶级观点围起来的这种人性论禁区是建筑在空虚中的,没有结实的基础的。望人性论而生畏的作家们就必然要放弃对人性的深刻理解和忠实描绘,这样怎么能产生名副其实的文艺作品呢?有不少的作家正坐此弊,因而只能产生一些田园诗式或牧歌式的歌颂和一些抽象的空洞概念的图解。要打破这种固定不变的公式,首先就要打破人性论这个禁区。打破这个禁区,新文艺才能踏上康庄大道。这也是"不破不立"大原则中的一个事例。

二、与人性论这个禁区密切相联系的还有壁垒同样森严的人道主义禁区。人道主义是西方文艺复兴时代作为反封建、反教会而提出来的一个口号。尽管它有时还披着宗教的伪装,但是以人道代替神道的基本思想最后终于冲破了基督教会在西方长达一千余年的黑暗统治。在法国资产阶级革命中《人权宣言》所标榜的"自由"和"平等"以及后来添上的"博爱",就是人道主义的具体政治内容。所以人道主义在近代西方起过推动历史前进的作用,尽管后来基督教会把"博爱"这个他早已用过的口号片面地加以夸大,遂使人道主义狭窄化为"慈善主义"或"慈悲主义",成了帝国主义对内宣扬阶级妥协、对外宣扬殖民统治的武器。总之,人道主义在西方是历史的产物,在不同时代具有不同的具体内容,却有一个总的核心思想,就是尊重人的尊严,把人放在高于一切的地位,因为人虽是一种动物,却具有一般动物所没有的自觉心和精神生活。人道主义可以说是人的本位主义,这就是古希腊人所说的"人是衡量一切事物的标准",我们中国人所常说的"人为万物之灵"。人的这种"本位主义"显然有它的积极的社会效用,人自觉到自己的尊严地位,就要在言行上争取配得上这种尊严地位。一切真正伟大的文艺作品没有不体现出人的伟大和尊严的,从古代的神话、雕刻、史诗和悲剧到近代的小说和电影,都是如此。马克思不但没有否定过人道主义,而且把人道主义与自然主义的统一看作真正共产主义的体现。

六 冲破文艺创作和美学中的一些禁区

在美学方面,且不说贯穿康德和黑格尔美学著作的都是人道主义,就连激进派车尔尼雪夫斯基也说得很明确:

> 在整个感性世界里,人是最高级的存在物,所以人的性格是我们所能感觉到的世界上最高的美。至于世界上其他各级存在物只有按照它们暗示到人或令人想到人的程度,才或多或少地获得美的价值。(《美学论文选》,第41-42页,人民文学出版社1959年版。译文有改动)

为什么我们中间有些理论家特别是文学史课本的编写者,一遇到人道主义就嗤之以鼻呢?据说因为它是资产阶级货色,反资产阶级复辟,就必须反人道主义。这无异于要倒掉洗婴儿的脏水,就连婴儿也要一起倒掉。真正的马克思主义者既要看到人道主义的时代局限和阶级局限,又要看到它在历史上的进步作用,不能因为人道主义的发明权是资产阶级的,便连革命的人道主义也不讲了。

三、由于否定了人性论,人情味也就成了一个禁区,因为人情也还是人性中的一个重要因素。在文艺作品中人情味就是人民所喜闻乐见的东西。有谁爱好文艺而不要求其中有一点人情味呢?可是极"左"思潮泛滥时,人情味居然成了文艺作品的一条罪状。对巴金和老舍等同志的一些小说杰作，艾青同志的一些诗歌以及对影片《早春二月》的批判和打击至今记忆犹新，而余毒也似未尽消除。人情味的反面是呆板乏味。文艺作品而没有人情味会成什么玩意儿呢？那只能是公式教条的图解或七巧板式的拼凑。今天敲敲打打吹上了天，明日便成了泄了气的气球，难道这种"文艺作品"的命运我们看到的还少吗？无论在中国还是在外国，最富于人情味的母题莫过于爱情。自从否定了人情味，细腻深刻的爱情描绘就很难见到了。为什么有相当长的一个时期中人们都不爱看我们自己的诗歌、戏剧、小说和电影，等到"四人帮"一打倒，大家都如饥似渴地寻找外国文艺作品和影片呢？还不是因为我们自己的作品人情味太少、"道学气"太重了吗？道学气都有一点伪善或弄虚作假。难道这和现实主义文艺或浪漫主义文艺有任何共同之处吗？提到政治思想的高度来说，难道社会主义社会中的男男女女都要变成和尚尼姑，不许尝到、也不许表现出人世间的悲欢离合吗？人们也许责骂我的这种想法是要求文艺"自由化"，也就是说，要社会主义文艺向资本主义国家的文艺投降。但是文艺究竟能不能"交流"和"借鉴"而不至于"投降"呢？如果把冲破禁区理解为"自由化"，我就不瞒你说，我要求的正是"自由化"！

四、人性论和人情味既然都成了禁区，"共同美感"当然也就不能幸免。有人认为肯定了共同美感，就势必否定阶级观点。毫无疑问，不同的阶级确实有不同的美感。焦大并不欣赏贾宝玉所笃爱的林妹妹，文人学士也往往嫌民间大红大绿的装饰"俗气"。可是这只是事情的一个方面，事情还有许多其他方面，因为美感这个概念是很模糊的，美感的来源也是很复杂的。过去有些美学家认为美仅在形色的匀称、声音的调和之类形式美，另外一些美学家却把重点放在内容意义上，辩证唯物主义则强调内容和形式的统一。就美感作为一种情感来说，它也是非常复杂的，过去美学家们大半认为美感是一种愉快的感觉，可是它又不等于一般的快感，不像渴时饮水或困倦后酣睡那种快感。有时美感也不全是快感，悲剧和一般崇高事物如狂风巨浪、悬崖陡壁等等所产生的美感之中却夹杂着痛感。喜剧和滑稽事物所产生的美感也是如此。同一美感中也有发展转变的过程，往往是生理和心理交互影响的。过去心理学在这方面已做过不少的实验和分析工作，已得到了一些公认的结论，但是需要进一步研究的问题也还很多。现在我们中间不少人对这方面的科学研究还毫无所知，或只是道听途说，就轻易对美感下结论，轻易把"共同美感"打入禁区，这也是一个学风问题。

究竟有没有共同美感呢?

根据何其芳同志在1977年《人民文学》第九期里回忆毛泽东同志谈话的文章,毛泽东同志是肯定了共同美感的。他说:"各个阶级有各个阶级的美,各个阶级也有共同的美,'口之于味,有同嗜焉'。"我们在前面介绍《经济学—哲学手稿》和《资本论》的那封信里也已经看到马克思肯定了人类物质生产和精神生产要符合"美的规律",而且肯定了这两种生产都因为人在劳动中发挥了肉体和精神两方面的本质力量而感到乐趣。这种乐趣不就是美感吗?马克思因此进一步肯定了艺术起源于劳动。劳动是人类的共同职能,它所产生的美感能不是人类的共同美感吗?

马克思和毛泽东同志都是全世界无产阶级革命导师,同时也都是"共同美感"的见证人。马克思在一系列的著作中高度评价了过去奴隶社会、封建社会和资本主义社会的一系列的文艺杰作,从古希腊的神话、史诗、悲剧、喜剧,文艺复兴时代的但丁的《神曲》、莎士比亚的悲剧、塞万提斯的《堂吉诃德》,直至近代巴尔扎克的《人间喜剧》,而且早年还亲自写过爱情诗。毛泽东同志也是如此,对中国古典文学有着渊博、深湛的认识和终生不倦的钻研和爱好,而且在自己的光辉的诗词中吸取了中国古典文学精华,甚至不放弃古典诗词的格律,真正做到了推陈出新。难道这两位革命导师对各种类型社会的古典文艺的爱好不足以证明不同的时代、不同的民族和不同的阶级有共同的美感吗？

还不仅如此，否定共同美感，就势必要破坏马克思主义关于文化（包括文艺在内）的两大基本政策：一是对传统的批判继承，一是对世界各民族的文化的交流借鉴、取长补短。在文艺方面这两大政策的实施不但促进了文艺繁荣，也促进了各民族之间的互相了解、和平共处。否定共同美感，就势必割断历史，不可能有批判继承；也势必闭关自守、坐井观天，不可能有交流借鉴。你们想想，当今之世，难道能否定文化继承和文化交流吗？

五、特别要冲破的是江青和她的走卒们所鼓吹的"三突出"谬论对于人物性格所设置的一些禁区。文艺作品总离不开人，特别是叙述故事情节的戏剧和小说。亚里士多德把戏剧中的角色叫作"在行动中的人"，马克思主义者把他们叫作"典型环境中的典型人物"。角色之中有主次之分，首要的角色叫作主角，在西文为 hero。这个西文词的一般意义是"英雄"，主角可以是英雄人物，也可以是所谓的"中间人物"或"小人物"。在封建社会，戏剧和小说的主角大半是些英雄人物，因为当时只有封建社会中的上层人物才能作为主角，反映在文艺作品里，为着维护或颂扬他们身份的高贵尊严，他们大半被描写成为英雄人物。不过只见

在悲剧性或严肃性的作品里是如此，至于喜剧性的作品里如莫里哀的《伪君子》和《暴发户绅士》之类喜剧主角却都不是什么英雄人物而是些卑鄙可笑的人物。

到了近代，资产阶级登上了政治舞台，因而也登上了文艺舞台，文学流派中现实主义便占了上风，情形就有了彻底的变化。现实主义派抛弃过去歌颂英雄人物和伟大事迹的习尚，有意识地描写社会下层人物。从此最流行的是小说，特别是在资产阶级当权较早的英国。18世纪一些著名的小说家如笛福、理查逊和菲尔丁等人，他们所写的人物，大半不是什么英雄，而是名副其实的"中间人物"（当时英国资产阶级称作"中间阶级"），所写的事迹也不是宫廷显赫人物的政治大事，而是一般家庭纠纷或流浪汉冒险寻金之类的投机勾当。在19世纪俄国现实主义之中，写"小人物"和"多余的人"便作为一个正式口号提了出来。莱蒙托夫的著名小说《当代英雄》（本应译为《现时代的主角》）中的主角毕巧林就不是什么英雄人物而是典型的小人物或多余的人物。过去时代的主角是统治阶级的领导人物，而现时代的主角却是毕巧林之类没落阶级的悲观厌世、行为卑鄙的人物了。

我约略叙述这种历史转变，因为从此可以揭示"四人帮"在文艺方面所吹嘘的"三突出"谬论的反动性。这批害人虫妄图把封建时代突出统治阶层首脑人物的老办法拖回到现代文艺作品里来,骨子里还是为着突出他们自己,为他们篡党夺权做思想准备。他们理想中的英雄人物有两大特点:第一是十全十美,没有一点瑕疵;其次是始终一致,出台时是啥样性格,收场时还是啥样性格。这两点都歪曲人性,又背离发展观点,结果使文艺作品中的主角不是有血有肉的人,而是概念、公式的图解或漫画式的夸张。

近代英国小说家福斯特(E·M·Frster)在《论小说的各方面》一书中论述了见不出冲突发展的"平板人物"和见出冲突发展的"圆整人物"之别,认为小说不应写出前一种人物而应写出后一种人物。"四人帮"所吹捧的恰是前一种,所禁忌的恰是后一种。在他们看来,宋江不应有"坐楼杀惜",李逵也应该莽撞到底,伽利略那样有重大发明的科学家,就宁可放弃完成他的科学巨著而不应贪生怕死,看到烤鹅肉也不能那样馋。他们竟狂妄无知到了这种程度!

其次,由于他们片面地突出"英雄人物的高大形象",就把所谓的"中间人物"和"小人物"列入禁区。描绘小人物和中间人物的能手赵树理同志的作品就被打入冷宫,而且作家本人也被迫害致死。想起无数类似的事例,谁能不痛心疾首!遭殃的并不限于一些优秀作家和优秀作品,还应想一想由江青盗窃来而加以篡改歪曲的八部"样板戏"

成了几多大大小小的作家们的"样板"？几多人有意识地或无意识地陷入那批人妖所设置的陷阱？结果形成了什么样的文风？在青年一代思想中造成了多么大的危害！

　　冲破他们所设置的禁区，解放思想，按照文艺规律来繁荣文艺创作，现在正是时候了！

七 从生理学观点谈美与美感

朋友们：

你们来信常追问我：美是什么？美感是什么？美与美感有什么关系？美是否纯粹是客观的或主观的？我在第二封信里已强调过这样从抽象概念出发来对本质下定义的方法是形而上学的。要解决问题，就要从具体情况出发，而审美活动的具体情况是极其复杂的。前信已谈到从马克思在《资本论》里关于"劳动"的分析看，就可以看出物质生产和精神生产都有审美问题，既涉及复杂的心理活动，又涉及复杂的生理活动。这两种活动本来是分不开的，为着说明的方便，姑且把它们分开来说。在第三封信《谈人》里我们已约略谈了一点心理学常识，现在再就节奏感、移情作用和内模仿这三项来谈一点生理学常识。

一、节奏感。节奏是音乐、舞蹈和歌唱这些最原始也最普遍的三位一体的艺术所同具的一个要素。节奏不仅见于艺术作品，也见于人的生理活动。人体中呼吸、循环、运动等器官本身的自然的有规律的起伏流转就是节奏。人用他的感觉器官和运动器官去应付审美对象时,如果对象所表现的节奏符合生理的自然节奏,人就感到和谐和愉快,否则就感到"拗"或"失调",就不愉快。例如听京戏或鼓书,如果演奏艺术高超,像过去的杨小楼和刘宝全那样,我们便觉得每个字音和每一拍的长短高低快慢都恰到好处,有"流转如弹丸"之妙。如果某句落掉一拍,或某板偏高或偏低,我们全身筋肉就仿佛突然受到一种不愉快的震撼,这就叫作节奏感。

为着跟上节奏,我们常用手脚去"打板",其实全身筋肉都在"打板"。这里还有心理上的"预期"作用。节奏总有一种习惯的模式。听到上一板,我们就"预期"下一板的长短高低快慢如何,如果下一板果然符合预期,美感便加强,否则美感就遭到破坏。在这种美或不美的节奏感里你能说它是纯粹主观的或纯粹客观的吗?或则说它纯粹是心理的或纯粹是生理的吗?

<u>节奏是主观与客观的统一,也是心理和生理的统一</u>。它是内心生活(思想和情趣)的传达媒介。艺术家把应表现的思想和情趣表现在音调和节奏里,听众就从这音调节奏中体验或感染到那种思想和情趣,从而起同情共鸣。

举具体事例来说,试比较分析一下这两段诗:

七 从生理学观点谈美与美感

> 噫吁嚱,危乎高哉!蜀道之难,难于上青天……其险也如此,嗟尔远道之人胡为乎来哉!
>
> ——李白《蜀道难》

> 昵昵儿女语,恩怨相尔汝。划然变轩昂,勇士赴敌场。浮云柳絮无根蒂,天地阔远随飞扬……跻攀分寸不可上,失势一落千丈强!
>
> ——韩愈《听颖师弹琴》

李诗突兀沉雄,使人得到崇高风格中的惊惧感觉,节奏比较慢,起伏不平。韩诗变化多姿,妙肖琴音由缠绵细腻,突然转到高昂开阔,反复荡漾,接着的两句就上升的艰险和下降的突兀作了强烈的对比。音调节奏恰恰传出琴音本身的变化。正确的朗诵须使音调节奏暗示出意象和情趣的变化发展。这就必然要引起呼吸、循环、发育等器官乃至全身筋肉的活动。你能离开这些复杂的生理活动而谈欣赏音调节奏的美感吗?你能离开这种具体的美感而抽象地谈美的本质吗?

节奏主要见于声音,但也不限于声音,形体长短大小粗细相错综,颜色深浅浓淡和不同调质相错综,也都可以见出规律和节奏。建筑也有它所特有的节奏,所以过去美学家们把建筑比作"冻结的或凝固的音乐"。一部文艺作品在布局上要有"起承转合"的节奏。我读姚雪垠同志的《李自成》,特别欣赏他在戎马仓皇的紧张局面之中穿插些明末宫廷生活之类安逸闲散的配搭,既见出反衬,也见出起伏的节奏,否则便会平板单调。我们有些音乐和文学方面的作品往往一味高昂紧张,就有缺乏节奏感的毛病。"张而不弛,吾不为也!"

二、移情作用:观念联想。十九世纪以来,西方美学界最大的流派是以费肖尔父子为首的新黑格尔派,他们最大的成就在对于移情作用的研究和讨论。所谓"移情作用"(Einfuhlung)指人在聚精会神中观照一个对象(自然或艺术作品)时,由物我两忘达到物我同一,把人的生命和情趣"外射"或移注到对象里去,使本无生命和情趣的外物仿佛具有人的生命活动,使本来只有物理的东西也显得有人情。最明显的事例是观照自然景物以及由此产生的文艺作品。

我国诗词里咏物警句大半都显出移情作用。例如下列名句:

> 相看两不厌,只有敬亭山。
>
> ——李白

感时花溅泪,恨别鸟惊心。

——杜甫

颠狂柳絮随风舞,轻薄桃花逐水流。

——杜甫

数峰清苦,商略黄昏雨。

——姜夔

可堪孤馆闭春寒,杜鹃声里斜阳暮。

——秦观

　　都是把物写成人,静的写成动的,无情写成有情,于是山可以看人而不厌,柳絮可以颠狂,桃花可以轻薄,山峰可以清苦,领略黄昏雨的滋味。从此可见,诗中的"比"和"兴"大半起于移情作用,上例有些是显喻,有些是隐喻,隐显各有程度之差。较隐的是姜秦(姜夔、秦观)两例,写的是景物,骨子里是诗人抒发自己的黄昏思想和孤独心情,上举各例说明移情作用和形象思维也有密切关系。

　　移情说的一个重要代表立普斯反对从生理学观点来解释移情现象,主张要专用心理学观点,运用英国经验主义

派的"观念联想"(特别是其中的"类似联想")来解释。他举希腊建筑中的道芮式石柱为例。这种石柱支持上面的沉重的平顶,本应使人感到它受重压而下垂,而我们实际看到的是它仿佛在耸立上腾,出力抵抗。立普斯把这种印象叫作"空间意象",认为它起于类似联想,石柱的姿态引起人在类似情况中耸立上腾、出力抵抗的观念或意象,在聚精会神中就把这种意象移到石柱上,于是石柱就仿佛耸立上腾、奋力抵抗了。立普斯的这种看法偏重移情作用的由我及物的一方面,唯心色彩较浓。

三、移情作用:内模仿。同属移情派而与立普斯对立的是谷鲁斯。他侧重移情作用的由物及我的一方面,用的是生理学观点,认为移情作用是一种"内模仿"。在他的名著《动物的游戏》里举过看跑马的例子。

> 一个人在看跑马,真正的模仿当然不能实现,他不但不肯放弃座位,而且有许多理由使他不能去跟着马跑,所以只心领神会地模仿马的跑动,去享受这种内模仿所产生的快感。这就是一种最简单、最基本、最纯粹的审美的观赏了。

他认为审美活动应该只有内在的模仿而不应有货真价

实的模仿。如果运动的冲动过分强烈,例如西欧一度有不少的少年因读了歌德的《少年维特之烦恼》就模仿维特自杀,那就要破坏美感了。正如中国过去传说有人看演曹操老奸巨猾的戏,就义愤填膺,提刀上台把那位演曹操的角色杀掉,也不能起美感一样。

谷鲁斯还认为内模仿带有游戏的性质。这是受到席勒和斯宾塞的"游戏说"的影响,把游戏看作艺术的起源。从文艺的创作和欣赏的角度看,内模仿确实有很多例证。上文已谈到的节奏感就是一例。中国文论中的"气势"和"神韵",中国画论中的"气韵生动"都是凭内模仿作用体会出来的。中国书法向来自成一种艺术,康有为在《广艺舟双楫》里说字有十美,其中如"魄力雄强""气象浑穆""意态奇逸""精神飞动"之类显然都显出移情作用的内模仿。书法往往表现出人格,颜真卿的书法就像他的为人一样刚正,风骨凛然;赵孟頫的书法就像他的为人一样清秀妩媚,随方就圆。我们欣赏颜字那样刚劲,便不由自主地正襟危坐,模仿他的端庄刚劲;我们欣赏赵字那样秀媚,便不由自主地松散筋肉,模仿他的潇洒婀娜的姿态。

西方作家描绘移情中内模仿的事例更多,现在举19世纪两位法国的著名的小说家为例。一位是女作家乔治·桑,她在《印象和回忆》里说:

我有时逃开自我,俨然变成一棵植物,我觉得自己是草,是飞马,是树顶,是云,是流水,是天地相接的那一条地平线,觉得自己是这种颜色或那种形体,瞬息万变,去来无碍,时而走,时而飞,时而潜,时而饮露,向着太阳开花,或栖在叶背安眠。天鹅飞升时我也飞升,蜥蜴跳跃时我也跳跃,萤火和星光闪耀时我也闪耀。总之,我所栖息的天地仿佛全是由我自己生展出来的。

另一位是写实派大师福楼拜,他在通信里描绘他写《包法利夫人》那部杰作时说:

写作中把自己完全忘却,创造什么人物就过着什么人物的生活,真是一件快事。今天我就同时是丈夫和妻子,情人和姘头(小说中的人物)。我骑马在树林里漫游,时当秋暮,满林黄叶(小说中的情景),我觉得自己就是马,就是风,就是两人的情语,就是使他们的填满情波的眼睛眯着的那道阳光。

这两例都说明作者在创作中体物入微,达到物我同一的境界,就引起移情作用中的内模仿。凡是模仿都或多或少地涉及筋肉活动,这种筋肉活动当然要在脑里留下印象,作为审美活动中的一个重要因素,过去心理学家认为人有视、听、嗅、味、触五官,其中只有视、听两种感官涉及美感。近代美学日渐重视筋肉运动,于五官之外还添上运动感官或筋肉感官(Kinetic Sense),并且倾向于把筋肉感官看作美感的一个重要因素,其实中国书家和画家早就明白这个道理了。

四、审美者和审美对象各有两种类型。审美的主体(人)和审美的对象(自然和文艺作品)都有两种不同的类型,而这两种类型又各有程度上的差别和交叉,这就导致美与美感问题的复杂化。先就人来说,心理学早就把人分成"知觉型"和"运动型"。例如看一个圆形,知觉型的人一看到圆形就直接凭知觉认识到它是圆的,运动型的人还要用眼睛沿着圆周线做一种圆形的运动,从这种眼球筋肉运动中才体会到它是圆的。近来美学家又把人分成"旁观型"和"分享型",大略相当于知觉型和运动型。纯粹旁观型的人不易起移情作用,更不易起内模仿活动,分明意识到我是我,物是物,却仍能欣赏物的形象美。纯粹分享型的人在聚精会神中就达到物我两忘和物我同一,必然引起移情作

用和内模仿。这种分别就是尼采在《悲剧的诞生》里所指出的日神精神（旁观）与酒神精神（分享）的分别。狄德罗在他的《谈演员》的名著里也强调过这个分别。他认为演员也有两种类型，一种演员演什么角色，就化成那个角色，把自己全忘了，让那个角色的思想情感支配自己的动作姿势和语调。另一种演员尽管把角色演得惟妙惟肖，却时时刻刻冷静地旁观自己的表演是否符合他早已想好的那个"理想的范本"。狄德罗本人则推崇旁观型演员而贬低分享型演员，不过也有人持相反的看法。上面所介绍过的立普斯显然属于知觉型和旁观型，感觉不到筋肉活动和内模仿，谷鲁斯却属于运动型或分享型。因此，两人对于美感的看法就不能相同。

我还记得20世纪50年代的美学讨论中攻击的靶子之一就是我的"唯心主义的"移情作用，现在趁这次重新谈美的机会，就这个问题进行一番自我分析和检讨。我仍得坦白招认，我还是相信移情作用和内模仿的。这是事实俱在，不容一笔抹杀。我还想到在1859年左右移情派祖师费肖尔的五卷本《美学》刚出版不久，马克思就在百忙中把它读完而且做了笔记，足见马克思并没有把它一笔抹杀，最好进一步就这方面进行一些研究再下结论。我凭个人经验的分析，认识到这问题毕竟很复杂。在审美活动中尽管

七 从生理学观点谈美与美感

我一向赞赏冷静旁观,有时还是一个分享者,例如我读《史记·刺客列传》叙述荆轲刺秦王那一段,到"图穷匕首见"时我真正为荆轲提心吊胆,接着到荆轲"左手把秦王之袖而右手持匕首揕之"时,我确实从自己的筋肉活动上体验到"持"和"揕"的紧张局面。以下一系列动作我也都不是冷静地用眼睛看到的,而是紧张地用筋肉感觉到的。我特别爱欣赏这段散文,大概这种强烈的筋肉感也起了作用,因此,我相信美感中有筋肉感这个重要因素。我还相信古代人、老年人、不大劳动的知识分子多属于冷静的旁观者,现代人、青年人、工人和战士多属于热烈的分享者。

审美的对象也有静态的和动态的两大类型。首先指出这个分别的是德国启蒙运动领袖莱辛。他在《拉奥孔》里指出诗和画的差异。画是描绘形态的,是运用线条和颜色的艺术,线条和颜色的各部分是在空间上分布平铺的,也就是处于静态的。诗是运用语言的艺术,是叙述动作情节的,情节的各部分是在时间上先后承续的,也就是处于动态的。就所涉及的感官来说,画要通过眼睛来接受,诗却要通过耳朵来接受。不过莱辛并不排除画也可化静为动,诗也可化美为媚。"媚"就是一种动态美。拿中国诗画为例,画一般是描绘静态的,可是中国画家一向把"气韵生动""从神似求形似""画中有诗"作为首要原则,都是要求画化静为

动,诗化美为媚,就是把静止的形体美化为流动的动作美。《诗经·卫风》中有一章描绘美人的诗便是一个顶好的例子:

> ……手如柔荑(嫩草),肤如凝脂(凝固的脂肪),领如蝤蛴(颈像蚕蛹),螓(一种虫)首蛾眉,齿如瓠犀(瓜子);巧笑倩兮,美目盼兮!

前五句罗列头上各部分,用许多不伦不类的比喻,也没有烘托出一个美人来。最后两句突然化静为动,着墨虽少,却把一个美人的姿态神情完全描绘出来了。读前五句,我丝毫不起移情作用和内模仿,也不起美感;读后两句,我感到活跃的移情作用、内模仿和生动的美感。这就说明客观对象的性质在美感里确实会起重要的作用,同是一个故事情节写在诗里和写在散文里效果也不同。例如白居易的《长恨歌》和陈鸿的《长恨歌传》不同;同是一个故事情节写在一部小说或剧本里,和表演在舞台上或放映在电视里效果也各不相同,不同的观众也有见仁见智、见浅见深之别。

我唠叨了这半天,目的是要回答开头时所提的那几个问题。首先,美确实要有一个客观对象,要有"巧笑倩兮,美目盼兮"这样美人的客观存在。不过这种姿态可以由无数不同的美人表现出,这就使美的本质问题复杂化。

其次，审美也确要有一个主体，美是价值，就离不开评价者和欣赏者。如果这种美人处在空无一人的大沙漠里，或一片漆黑的黑夜里，她的"巧笑倩兮，美目盼兮"能产生什么美感呢？凭什么能说她美呢？就是在闹市大白天里，千千万万人都看到她，都感到她同样美么？老话不是说"情人眼底出西施"吗？不同的人不会见到不同的西施，具有不同的美感吗？

我们在前信已说明过在审美活动中主体和对象两方面的具体情况都极为复杂。我们当前的任务是先仔细调查和分析这些具体情况，还是急急忙忙先对美和美感的本质及其相互关系做出抽象的结论来下些定义呢？我不敢越俎代庖，就请诸位自己做出抉择吧！

八 形象思维与文艺的思想性

朋友们：

形象思维的客观存在及其在文艺中的作用，在心理学和美学这些科学领域里应该说是早已有定论了。可是我国近年来却有人提出异议，否认文艺要用形象思维，甚至根本否认形象思维的存在。1977年1月，毛泽东同志《给陈毅同志谈诗的一封信》发表了。信中说："诗要用形象思维，不能如散文那样直说，所以比、兴两法是不能不用的……宋人多数不懂诗是要用形象思维的，一反唐人规律，所以味同嚼蜡。"联系到新诗前途，信中还进一步指出："要作今诗，则要用形象思维方法，反映阶级斗争与生产斗争，古典绝不能要。"这个重要文件的发表，对于解决国内早已引起争论的形象思维这一重大问题，是具有积极作用的，近三年来就已在文艺界和美学界产生了广泛的影响。目前辩论还在进行，这是一个振奋人心的大好形势。

我在两篇文稿里曾较详细地谈过这场争论，现在再试用通俗语言来和诸位谈一谈我对这个问题的看法。

在第三封信《谈人》里我已约略谈到认识和实践的关系以及感性认识和理性认识的关系，现在不妨回顾一下，因为形象思维与此是密切相关的。什么叫作思维？思维就是开动脑筋来掌握和解决面临的客观现实生活中的问题。所以思维本身既是一种实践活动，又是一种认识活动。思维分为两个步骤：第一步是掌握具体事物的形象，如色、声、嗅、味、触之类感官所接触到的形式和运动都在头脑里产生一种映象。这是原始的感性认识，有种种名称，例如感觉、映象、观念或表象。把从感性认识所得来的各种映象加以整理和安排，来达到一定的目的，这就叫作形象思维。把许多感性加以分析和综合，求出每类事物的概念、原理或规律，这是从感性认识飞跃到理性认识，这种思维就是抽象思维或逻辑思维。

举个具体的例子来说，到北海公园散步，每前走一步都接触到一些具体事物，亭台楼阁呀，花草虫鱼呀，水光塔影呀，男男女女、老老少少呀，只要是我们注意到的，他们都在我们脑里留下一些映象，其中有一部分能引起我们兴趣的就储存在我们的记忆里。在散步中我们也不断遇到一些实际生活的问题，走累了就想找个地方休息，口渴了就想喝点什么，看到游艇，就动了划船的念头，如此等等。解决这类具体问题，就要我们开动一下脑筋，进行一点思维，这种实际生活所引起的思维大部分都是形象思维。要休息吧，就想到某堆山石后某棵大树下的座椅较安静，儿童游戏场附近较热闹，你的抉择要看你爱清静还是爱热闹；要喝茶吧，就想到茶在北海里不易得，啤酒也稀罕，就去喝点汽水算啦，如此等等。就连我这个整天做科研工作的老汉在这些场合也不去进行抽象思维，因为那里没有这个必要。我举逛北海的例子要说明的是形象思维确实存在，不单是在文艺创作中，就连在日常生活中也是经常运用的；单是形象思维也不一定就产生文艺作品。

　　当然也有人逛北海会起作诗作画或写游记的兴致。北海里那么多的好风景和人物活动当然不能整个地放到诗或画里，总要凭自己思想感情的支配，从许多繁复杂乱的映象之中把某些自己中意而且也可使旁人中意的映象挑选出来加以重新组合和安排，创造出一个叫作"作品"的新的整体，即达·芬奇所说的"第二自然"。这就是文艺创作中的形象思维了。

　　在文艺创作过程中，一般都有个酝酿阶段，思想情感白热化阶段，还有一段斟酌修改阶段。白热化阶段是文艺创作活动的高峰，这是一种聚精会神的状态，这时心无二用，一般只专注在形象思维上，无暇分心到抽象思维上去。但是我们已多次强调过，人是一个有机整体，除了形象思维的能力之外，他还有抽象思维或逻辑推理的能力，也不能不在适当时机发挥作用，特别是在酝酿或准备阶段和作品形成后斟酌修改阶段，形象思维和抽象思维往往是交叉使用的。例如参观访问、搜集资料、整理资料都不完全是形象思维的事。你作诗或写剧本，绝不会只为你自己享受，还要考虑到听众能不能接受，对他们的影响是好是坏，乃至朗诵员和演员的安排和训练，出版和纸张印刷供应之类问题。考虑到这些与文艺创作有关的广泛的实际问题，你就决不能不适应实际需要，参用一些抽象思维。再拿逛北海为例来说，假如你是个建筑师或园林设计师，要为改造北海定规划，制蓝图，你当然要考虑到北海作为一种艺术名胜如何才能美观，要进行一些形象思维；此外也要考虑到近代建筑作为一种工程科学的许多理论问题，以及作为经济设施的投资、材料供应、劳动力配备和吸引旅游者之类的经济问题，决不能只在"为艺术而艺术"。

　　从此可见，形象思维和抽象思维在实际生活中和文艺创作中都既有联系又有分别。我们既不应认为只有形象思维才在文艺创作中起作用，也不应认为文艺创作根本用不着形象思维，或根本否认形象思维的存在。近三年的争论是由"批判形象思维论"引起的，批判"批判形象思维论"的文章中有许多独到见解，也偶尔有片面的错误的言论。

八 形象思维与文艺的思想性

分析一些错误看法的根源,大半在科学基本常识的缺乏。我想趁这个机会再强调一下科学基本常识对于研究美学的重要性。

最浅而易见的是语言的常识。有人仿佛认为"形象思维"是胡编妄造,根本没有这回事;也有人认为这个词仿佛从别林斯基才开始用起,意思是"在形象中思维"(think in image)。实际上这个词在西文中就是 Imagination,中译是"想象"。在西方,古代的斐罗斯屈拉特(170—245)、近代的英国经验派先驱培根都强调过"想象"在文艺创作中的重要作用。在中国,"想象"这个词,屈原在《远游》,杜甫在《咏怀古迹》里都用过。情感和想象是西方浪漫运动中的两大法宝。在近代美学著作中从给"美学"命名的鲍姆嘉通,经过康德、黑格尔到克罗齐,所讨论的都主要是想象。到俄国的别林斯基和德国的费肖尔两人才开始用"形象思维"来解释"想象"一词的意义。参加辩论者有人把俄文和德文中相当于英文 think in image 的短语译为"在形象中思维",而且根据这种误解来大做其文章。这正如把 I speak in English 理解为"我在英文中说话"。这岂不是闹笑话么!

其次在历史和心理学的常识。正如感性认识是理性认识的基础,在历史发展中人类也从先有形象思维的能力,

经过长期实践训练之后，才逐渐发展出抽象思维的能力。这有维柯的《新科学》和摩尔根的《古代社会》之类著作为证。原始社会处在人类的童年，人在童年尚在复演人类童年的历史，婴儿也是开始只会形象思维，要经过几年的训练和教育才会抽象思维。这有瑞士心理学家让·皮亚杰的几部儿童心理学著作为证，诸位自己的幼年儿女也更可以为证。近在眼前，诸位如果对儿童进行一些观察和测验，对于美学研究会比读几部课本更有益，更切实。

最重要的还是缺乏马克思主义常识。就拿形象思维这个问题来说吧，马克思在《政治经济学批判·导言》里早就说过：

> 任何神话都是想象和借助想象以征服自然力，支配自然力，把自然力加以形象化……希腊艺术的前提是希腊神话，也就是已经通过人民的幻想用一种不自觉的艺术方式加工过的自然和社会形式本身。这是希腊艺术的素材。[《马克思恩格斯选集》第2卷，第113页，人民出版社1972年版。西文Fantasy（幻想）往往用作形象思维（Imagination）的同义词]

八 形象思维与文艺的思想性

这段话不但肯定了形象思维,而且说明了它在希腊神话和希腊艺术中的应用。

毛泽东同志在《矛盾论》里谈到神话时就引过这一段话,指出神话"乃是无数复杂的现实矛盾的互相变化对于人们所引起的一种幼稚的、想象的、主观幻想的变化","所以它们并不是现实之科学的反映"(《毛泽东选集》第1卷,第305页,人民出版社1967年版)。神话是"想象"而不是"科学的反映",不就是神话这种原始艺术是形象思维而不是逻辑思维的产品吗?上引马克思和毛泽东同志的话,我们大家这些年来都学过无数遍,可是对付具体问题时就忘了,竟不起多大作用,而且还有人指责"形象思维论正是一个反马克思主义的认识论体系","不过是一种违反常识,背离实际胡编乱造而已",这岂不应发人深省吗?

反对形象思维论者有一个公式:

表象(事物映象)→概念(即思想)→新的表象(新创造的形象,即典型化了的艺术作品)

这种论点显然认为由表象到表象见不出文艺的思想性,于是新旧表象之间插进去一个等于概念的思想。这样把艺术作品倒退到"表象",既是贬低艺术,也是缺乏心理学和

美学的常识。把"概念"看作文艺的思想性，就是公式化、概念化的文艺的理论根据。

谁也不能否认文艺要有思想性，但是问题在于如何理解文艺的思想性。文艺的思想性主要表现于马克思主义创始人经常提到的倾向性（Tendanz）。倾向性是一种总趋向，不必作为明确的概念性思想表达出来，而应该具体地形象地隐寓于故事情节发展之中。这是马克思主义创始人关于思想性教导的总结。恩格斯在给玛·哈克奈斯的信里，批评了《城市姑娘》不是"充分的现实主义的"，但并没有批评她不去"鼓吹作者的社会观点和政治观点"（这就是明白说出作者的概念性的思想），相反倒是说："作者的见解（即社会观点和政治观点）愈隐蔽，对艺术作品来说就愈好，我所指的现实主义甚至可以违背作者的见解而表露出来。"（《马克思恩格斯选集》第4卷，第462页，人民出版社1972年版）巴尔扎克就是恩格斯所举的例证。我们也可以举托尔斯泰为例，这位伟大的小说家确实没有隐蔽他的见解，他一生都在宣扬人对基督的爱和人与人的爱、个人道德修养和反对暴力抵抗。这些都不是什么进步思想。为什么列宁说他是"俄国革命的镜子"呢？他鼓吹过俄国革命吗？没有。列宁做出这样的评价，并不是因为他宣扬了一些不正确的思想，而是因为他忠实地描绘了当时俄国农民革命中农民的矛盾状态和情绪。列宁是把他称为农民革命的"一面镜子",而没有把他称为革命的"号角"或"传声筒",而且批判了他的思想矛盾。托尔斯泰在文艺上的胜利可以说也就是巴尔扎克的胜利,即"现实主义的伟大胜利"。一个作家只要把一个时代的真实面貌忠实地生动地描绘出来,使人们感到有"山雨欲来风满楼"之势(这就是"倾向性"的意义),认识到或预感到革命非到来不可,他就做出了伟大的贡献,不管他表现出或没有表现出什么概念性的思想。这就是"现实主义的伟大胜利",巴尔扎克如此,托尔斯泰也是如此。

恩格斯在给敏·考茨基的信里还说过:"我认为倾向应当从场面和情节中自然而然地流露出来,而不应当特别把它指点出来。"(《马克思恩格斯选集》第4卷,第454页,人民出版社1972年版)这就是说,倾向不应作为作者的主观见解,而应作为所写出的客观现实的趋势,自然而然地表现出来。这样理解"倾向"或思想性,和上文所引的巴尔扎克和托尔斯泰的例子也是符合的。

用一个粗浅的比喻来说,如人饮水,但尝到盐味,见不到盐粒,盐完全溶解在水里。咸是客观事实,不是你要它咸它就咸。

不但表现在文艺作品中如此,世界观的总倾向表现在

一个文艺作家身上也是如此。它不是几句抽象的口号、教条所能表现出的,要看他的具体的一言一行。一个作家总有一种倾向,这种倾向是他毕生生活经验、文化教养和时代风尚所形成的。它总是思想和情感交融的统一体,形成他的人格的核心。也就是在这个意义上,文艺的"风格就是人格"。例如就人格来说,"忠君爱国"这个抽象概念可以应用到屈原、杜甫、岳飞、文天祥和无数其他英雄人物身上,但是显不出这些大诗人各自的具体情况和彼此之间的差异,也就不能作为评价他们的文艺作品的可靠依据。在西方,"人道主义"这一抽象概念也是如此。文艺复兴时代,法国革命时代,帝国主义时代,乃至无产阶级革命导师马克思都宣扬或者肯定过人道主义,但是具体的内容意义各不相同。这就是为什么我们在文艺领域里反对教条和公式化、概念化,反对用概念性思想来指导、约束甚至吞并具体的形象思维。文艺作品要有理,理不是概念而是事物的本质或客观形势本身发展的倾向。还应指出,<u>文艺不但要有理,而且要有情,情理交融的统一体才形成人格,才形成真正伟大的文艺作品</u>。这种情理交融的统一体就是黑格尔所说的"情致"(Pathos)。别林斯基在他的文艺论文里也发挥了黑格尔关于"情致"的学说。近年来苏联美学界和文艺批评界有片面强调理性而蔑视情感的倾向,我们也跟着他们走，有时甚至超过他们，这是应该纠正的偏差。提"倾向性"似比提"思想性"较妥，因为在决定倾向之中，情感有时还比思想起更大的作用。最显著的例子是音乐。"四人帮"肆虐时曾掀起过对"无标题音乐"的批判，因为据说"无标题"就是否定思想性。对此，德国伟大音乐家休曼的话是很好的驳斥：

> 批评家们老是想知道音乐家们无法用语言文字表达出来的东西。他们对所谈的问题往往十分没有懂得一分。上帝啊！将来会有那么一天，人们不再追问我们神圣的乐曲背后隐寓着什么意义么？你且先把五度音程辨认清楚吧，别再来干扰我们的安宁！

隐寓的"意义"便是"思想"。思想是要用语言文字来表达，而音乐本身不用语言文字，它只是音调节奏起伏变化的艺术。音调节奏起伏变化是和情感的起伏变化相对应的，所以音乐所表现的是情感而不是只有语言文字才能表达出的思想。托尔斯泰在《艺术论》里强调文艺的作用在传染情感，这是值得我们深思的。

不但在音乐里，就连在作为语言艺术的文学里最感动人的也不是概念性的思想而是生动具体的情感。如拿莎士比亚为例，你能从他的哪一部作品里探索出一些概念性的思想么？确实有些批评家进行过这种探索，所得到的结论不过是他代表了文艺复兴时代的人道主义精神，更具体一点也不过像英国美学家克里斯托弗·考德威尔（英国进步作家，企图用马克思主义观点来研究文艺和美学。《幻象与现实》是他的名著，其中分析过莎士比亚的剧作）所说的，莎士比亚在政治倾向上要求英国有一个能巩固新兴资产阶级政权的强有力的君主。就是这些概念（你自己也许还在将信将疑）使你受到感动和教育吗？就我个人来说，我至今还抓不住莎士比亚的思想体系，假如他有的话。在读他的作品时，首先是他所写出生动具体的典型环境下典型人物的性格，其次是每部剧本里，特别在悲剧里，都表现出强烈的情感，强烈的爱和恨，强烈的悲和喜，强烈的憧憬和怅惘，强烈的讽刺和谑浪的笑傲，就是这些因素使我感到振奋，也使我感到苦闷。振奋也好，苦闷也好，心总在跳动，生命总在活跃地显出它的力量，这对于我就可心满意足了。阿门！

附 记

形象思维是一切艺术的主要的思维方式，不限于诗，也不限于比、兴。赋（直陈其事）也要用形象思维。姑举古代民歌《箜篌引》为例：

公母渡河，公竟渡河，
堕河而死，将奈公何！

这就是直陈其事，是一首三部曲的挽歌，完全使用形象思维，声泪俱下，感染力很强。我特别写这几句附记，因为近代文艺作品主要是散文作品，如果专就中国的诗中的比、兴着眼，就难免忽视形象思维在近代小说和戏剧中的重要作用。

九 文学作为语文艺术的独特地位

朋友们：

此前我们已屡次谈到，研究美学不能不懂点艺术，否则就会变成"空头美学家"，摸不着美学的门。艺术究竟是怎么回事呢？它有哪些门类？各门艺术之间有什么关系和差别？这些都是常识问题，但是懂透也颇不易。

"艺术"（Art）这个词在西文里本义是"人为"或"人工造作"。艺术与"自然"（现实世界）是对立的，艺术的对象就是自然。就认识观点说，艺术是自然在人的头脑里的反映，是一种意识形态；就实践观点说，艺术是人对自然的加工改造，是一种劳动生产，所以艺术有"第二自然"之称。自然也有"人性"的意思，并不全是外在于人的，也包括人自己和他的内心生活。人对自然为什么要加工改造呢？这问题也就是人为什么要劳动生产的问题。答案也很简单，<u>劳动生产是为着适应人的物质生活和精神生活的需要</u>，并且不断地日益改善和提高人的物质生活和精神生活。

一切艺术都要有一个创造主体和一个创造对象,因此,它就既要有人的条件,又要有物的条件。人的条件包括艺术家的自然资禀、人生经验和文化教养;物的条件包括社会类型、时代精神、民族特色、社会实况和问题,这些都是需要不断加工改造的对象;此外还要加上用来加工改造的工具和媒介(例如木、石、纸、帛、金属、塑料之类材料,造型艺术中的线条和颜色,音乐中的声音和乐器,文学中的语言之类媒介)。所以艺术既离不开人,也离不开物,它和美感一样,也是主客观的统一体。艺术和社会都在不断变化和改革中,经历着长期历史发展的过程。关于艺术的这些基本道理我们此前在学习马克思的《经济学—哲学手稿》和《资本论》、恩格斯的《自然辩证法》等经典著作的有关论述中已略见一斑了。

最常见的艺术门类是诗歌、音乐、舞蹈(三种在起源时是统一体),建筑、雕刻和绘画(合称"造型艺术"),戏剧、小说以及近代歌剧、哑剧和电影剧之类综合性艺术。这些艺术之间的分别和关系,自从莱辛的《拉奥孔》问世以来,一直是西方美学界研究和讨论的问题。德国美学家们一般把艺术分为"空间性的"和"时间性的"两大类。属于空间艺术的有建筑、雕刻和绘画,其功用主要是"状物",或写静态,描绘在空间中直立和平铺并列的事物形状;所涉及的感官主要是视觉,所用的媒介主要是线条和颜色。属于时间艺术的主要有舞蹈、音乐、诗歌和一般文学,其功用主要是叙事抒情,写动态,描绘在时间上先后承续的事物发展过程,所涉及的感官较多,音乐较单纯,只涉及听觉和节奏感中的筋肉运动感觉,舞蹈、诗歌和一般文学则视觉、听觉和筋肉运动感觉都起作用。时间艺术在所用的媒介方面有一个值得重视的差异,这就是其他各种艺术的媒介如声音、线条、色彩之类都是感性的,即可凭感官直接觉察到的;至于文学则用语言为媒介,而语言中的文字却只是代表观念的一种符号,本身并无意义,例如"人"这一观念,各民族用来代表它的文字符号各不相同,英文用man,法文用homme,德文用Mensch,单凭这种文字符号并不能直接显出"人"的感性形象,只能显出"人"的观念或意义,所以语言这种媒介不是感性的而是观念性的,也就是说,语言要通过符号(字音和字形)间接引起对事物的观念。这个分别黑格尔在他的《美学》里也经常提到,这个分别就是使文学作为语言艺术具有独特地位的首要原因。

其次一个原因是各种艺术都要具有诗意。"诗"(Poetry)这个词在西文里和"艺术"(Art)一样,本义是"制造"或"创作",所以黑格尔认为诗是最高的艺术,是一切门类的艺术的共同要素。维柯派美学家克罗齐还认为语言本身就是艺术,美学实际上就是语言学。各门艺术虽彼此有别,毕竟有基本的共同点。例如莱辛虽严格区分过诗和画的界限,我国却很早就有诗画同源说。大诗人往往同时是大画家,王维就是一个著例,苏轼说过:"观摩诘之画,画中有诗;味摩诘之诗,诗中有画。"苏轼本人就同时擅长诗和画。在起源时诗歌、音乐和舞蹈本是三位一体的综合艺术,后来虽分道扬镳,仍是藕断丝连。例如在近代歌剧和电影剧乃至民间曲艺里,语言艺术都还是一个重要的组成部分,这些都足以见出文学作为语言艺术所占的独特地位。

文学的独特地位,还有一个浅显而易见的原因。语言是人和人的交际工具,日常生活中谈话要靠它,交流思想感情要靠它,著书立说要靠它,新闻报道要靠它,宣传教育都要靠它。语言和劳动是人类生活的两大杠杆。任何人都不能不同语言打交道。不是每个人都会音乐、舞蹈、雕刻、绘画和演剧,但是除聋子和哑巴以外,任何人都会说话,都会运用语言。有些人话说得好些,有些人话说得差些。话说得好就会如实地达意,使听者感到舒适,发生美感,这样的说话就成了艺术。说话的艺术就是最初的文学艺术。说话的艺术在古代西方叫作"修辞术",研究说话艺术的科学叫作"修辞学",和诗学占有同样重要的地位。古代西方美学绝大部分是诗学和修辞学,亚里士多德、朗吉弩斯、贺拉斯、但丁和文艺复兴时代无数诗论家都可以为证,专论其他艺术的美学著作是寥寥可数的。我国的情况也颇类似,历来盛行的是文论、诗论、诗话和词话,中国美学资料大部分也要从这类著作里找。我们历来对文学的范围是看得很广的,例如《论语》《道德经》《庄子》《列子》之类哲学著作,《左传》《国语》《战国策》《史记》《汉书》之类史学著作,《水经注》《月令》《考工记》《本草纲目》《齐民要术》之类科学著作乃至某些游记、日记、杂记、书简之类日常小品都成了文学典范。过去对此曾有过争论,有人认为西方人把文学限为诗歌、戏剧、小说几种大类型比较科学,其实那些人根本不了解西方文学界情况,如果他们翻看一下英国的《万人丛书》或牛津《古典丛书》的目录,或是一部较好的文学史,就会知道西方人也和我们一样把文学的范围看得很广的。

　　文学在各门艺术中既占有这样独特的地位,它的媒介既是人人都在运用的语言,而它的范围又这样广阔,这些事实对我们有什么启发呢?我们每个人天天都在运用语言,接触到丰富多彩的社会生活,思想情感时时刻刻在动荡,所以既有了文学工具,又有了文学材料,那就不必妄自菲薄,只要努一把力,就有可能成为语言艺术家或文学家。当文

学家并不是任何人的专利。在文学这门艺术方面有些实践经验,认识到艺术究竟是怎么一回事,有了这个坚实的基础,再回头研究美学,才能认清道路,不至于暗中摸索,浪费时间。

每个人都可当文学家,不要把文学看作高不可攀。不过我在上文"只要努一把力"那个先决条件上加了着重符号,"怎样努力"这个问题就来了。文学各部门包括诗歌、戏剧和小说等的创作我都没有实践经验,关于这方面可以请教中外文学名著以及有关的理论著作,我不敢讲什么忠告。我想请诸位特别注意的是语文的基本功。"工欲善其事,必先利其器",语文就是文学的"器"。从我读到的青年文学家的作品看,特别是从诸位向我表示决心要研究美学的许多来信看,多数人的语文基本功离理想还有些距离,用字不妥,行文不顺,生硬拖沓,空话连篇,几乎是常见的毛病。这也难怪诸位,从"四人帮"横行肆虐以来,我们都丧失了十几年的大好时光,没有按部就班地进行学习,而且学风和文风都遭到了败坏,我们耳濡目染的坏文章和坏作品也颇不少,相习成风,不以为怪。一些老作家除掉茅盾、叶圣陶、吕叔湘几位同志以外,也很少有人向我们号召要练语文基本功。我还记得20世纪30年代左右,夏丏尊、叶圣陶和朱自清几位同志在《一般》和《中学生》两种青年刊物中曾特辟出"文章病院",把有语病的文章请进这个"病院"里加以诊断剖析。当时我初放弃文言文,学写语体文,从这个"文章病院"中几位名医的言教和身教中确实获得不少的教益,才认识到语体文也要字斟句酌,于是开始努力养成字斟句酌的习惯,现在回想到那些名医,还深心铭感。我希望热心语文教学的老师们多办些"文章病院",多做些临床实习,使患病的恢复健康,未患病的知道预防。

我国有句老话:"熟读唐诗三百首,不会吟诗也会吟。"过去我国学习诗文的人大半都从精选精读一些模范作品入手,用的是"集中全力打歼灭战"的办法,把数量不多的好诗文熟读成诵,反复吟咏,仔细揣摩,不但要懂透每字每句的确切意义,还要推敲出全篇的气势脉络和声音节奏,使它沉浸到自己的心胸和筋肉里,等到自己动笔行文时,于无意中支配着自己的思路和气势。这就要高声朗诵,只浏览默读不行。这是学文言文的长久传统,过去是行之有效的。现在学语体文是否还可以照办呢?从话剧和曲艺演员惯用的训练方法来看,道理还是一样的。我在外国大学学习语文时,看到外国同学乃至作家们也有下这种苦功的。我还记得英国诗人哈罗德·孟罗在世时在大英博物馆附近开了一个专卖诗歌书籍的小书店,每周定期开朗诵会,请诗人们朗诵自己的作品,我在那里曾听过夏芝、艾理阿特、厄丁通等诗人的朗诵，深受教益，觉得朗诵会是好办法。20世纪30年代《文学》杂志社中一些朋友也在我的寓所里定期办过朗诵会，到抗战才结束。朗读的不只是诗，也有散文，吸引了当时北京的一些青年作家，对他们也起了一些"以文会友"的观摩作用。现在广播电台里也有时举行这种朗诵会，颇受听众的欢迎。这种办法还值得推广，小型的文学团体也可以分途举办，它不但可提高文学的兴趣，也有助于语言的基本功。

语言基本功有多种多样的渠道，多注意一般人民大众的活的语言是一种，这是主要的；熟读一些文言的诗文也是一种，这两方面可说的甚多，现在不能详谈。"到处留心皆学问"，这就要靠各种人自己去探索了。"勤学苦练"总是要连在一起的，勤学重要，苦练则更重要。苦练就要勤写。为了谈一点写作练习，我特意把延安整风文件重温了一遍，特别是《反对党八股》那一篇。毛泽东同志对党八股的八大罪状申诉得极中肯，可谓"慨乎言之"。近三十多年来全国人民对这篇经典著作都在学习而又学习，获益当然不浅，可是就当前文风的实际情况来看，"党八股"似未彻底清除，可见端正文风真不是一件易事。目前每个练习写作的青少年在冲破禁区、解放思想方面还要痛下决心，"做老实人，说老实话"，努力开辟自己的道路，千万不要再做风派人物，

"人云亦云"。希望就只有寄托在新起的一代人身上了,所以诸位对文艺方面的移风易俗负有重大责任。我祝愿有勇气担起这副重大责任的人越来越多,替我们的文艺迎来一个光明的前途!

毛泽东同志在《反对党八股》里还引了鲁迅复《北斗》杂志社一封信里所举的八条写文章的规则之中的三条,对青年作家是对症下药的,值得每个青年作家悬为座右铭。

第一条:留心各样的事情,多看看,不看到一点就写。

第二条:写不出的时候不硬写。

第三条:写完后至少看两遍,竭力将可有可无的字、句、段删去,毫不可惜。宁可将可作小说的材料缩成速写,决不将速写材料拉成小说。

这三条都是作家的金科玉律,对于青年作家来说,第三条特别切合实际,要多作短小精悍的速写,不要一来就写长篇大作。我因此联想起德国青年爱克曼不畏长途跋涉,走向歌德求教,初到不久,歌德就谆谆教导他"不要写大部头作品",说许多作家包括他自己在内都在"贪图写大部头作品上吃过苦头",接着他就说出理由:

现实生活应该有表现的权利。诗人由日常现实生活触动起来的思想情感都要求表现,而且也应该得到表现。可是如果你脑子里老在想着写一部大部头的作品,此外一切都得靠边站,一切思虑都得推开,这样就要丧失掉生活本身的乐趣……结果所获得的也不过是困倦和精力的瘫痪。反之,如果作者每天都抓住现实生活,经常以新鲜的心情来处理眼前事物,他就总可以写出一点好作品,即使偶尔不成功,也不会有多大损失。(《歌德谈话录》,第4—5页,人民文学出版社1978年版)

歌德的这番话劝青年作家多就日常现实生活作短篇速写,和鲁迅的教导是不谋而合的。这是一种走向现实主义文艺道路的训练。特别是在现代繁忙生活中,每个人的时间都很宝贵,不容易抽出功夫去读"将速写拉成小说"的作品。速写不拉成小说,就要写得简练。我个人生平爱读的一部书是《世说新语》,语言既简练而意味又隽永,是典型的速写作品。刚才引的爱克曼的《歌德谈话录》也正是速写,可见速写也可以写出传世杰作,千万不要小看它。速写最大的方便在于无须费大力去搜寻题材,只要你听从

九 文学作为语文艺术的独特地位

鲁迅的第一条"留心各样的事情,多看看"的教导,速写的材料在日常生活中就俯拾即是,记一次郊游,替熟悉的朋友画个像,记看一次电影的感想,记一次学习会,对当天报纸新闻发一点小议论,给不在面前的爱人写封情书,或是替身边的小朋友编个小童话,讲个小故事,不都行吗?如果你相信我,说到就做到,马上就开始练习速写吧!练习到三五年,你不愁不能写出文学作品,也不愁一些美学问题得不到解决。

十　浪漫主义和现实主义

朋友们:

浪漫主义和现实主义是一个极难谈而又不能不谈的问题。难谈,因为这两个词都是在近代西方才流行,而西方文艺史家对谁是浪漫主义派谁是现实主义派并没有一致的意见。例如司汤达和巴尔扎克都是公认的现实主义大师,而朗生在他的著名的《法国文学史》里,却把他们归到"浪漫主义小说"章,丹麦文学史家勃兰兑斯(1842—1927),在他的名著《十九世纪欧洲文学主潮》里也把这两位现实主义大师归到"法国浪漫派"。再如福楼拜还公开反对过人们把他尊为现实主义的主教:

> 大家都同意称为"现实主义"的一切东西都和我毫不相干,尽管他们要把我看作一个现实主义的主教……自然主义者所追求的一切都是我所鄙弃的……我所到处寻求的只是美。

值得注意的是福楼拜和一般法国人当时都把现实主义和自然主义看作一回事。以左拉为首的法国自然主义派也自认为是现实主义派。朗生在《法国文学史》里也把福楼拜归到"自然主义"卷里。我还想不起19世纪有哪一位大作家把"浪漫主义"或"现实主义"的标签贴在自己的身上。

这问题难谈,还有涉及更实质性的一面,就是没有哪一位真正伟大的作家是百分之百的浪漫主义者或百分之百的现实主义者,实在很难在他们身上贴个名副其实的标签。关于这一点,高尔基在《我怎样学习写作》里说得最好:

> 在谈到像巴尔扎克、屠格涅夫、托尔斯泰、果戈理……这些古典作家时,我们就很难完全正确地说出——他们到底是浪漫主义者,还是现实主义者。在伟大的艺术家们身上,现实主义和浪漫主义好像永远是结合在一起的。(高尔基:《论文学》,第163页,人民文学出版社1978年版)

姑且举莎士比亚和歌德这两位人所熟知的大诗人为例。莎士比亚是近代浪漫运动的一个很大的推动力,过去文学史家们常把他的戏剧看作和"古典型戏剧"相对立的"浪漫型戏剧",而近来文学史家们却把莎士比亚尊为"伟大的现实主义者"。究竟谁是谁非呢?两说合起来看都对,分开来孤立地看,就都不对。可是我们的文学史家和批评家们在苏联的影响之下,往往把现实主义和浪漫主义割裂开来,随意在一些伟大的作家身上贴上片面的标签。而且由于客观主义在我们中间有较广泛的市场,现实主义又错误地和客观主义混淆起来,因而就比主观色彩较浓的浪漫主义享有较高的荣誉。只要是个大作家,哪怕浪漫主义色彩很浓的诗人,例如拜伦、雪莱和普希金,都成了只是现实主义者,他们的浪漫主义的一面就硬被抹杀掉了。这是对历史事实的歪曲,在读者中容易滋生误解,所以这个难问题还不能不谈。

浪漫主义和现实主义的区分,作为文艺流派和作为创作方法,是应该分别清楚的。作为创作方法,它适用于各个时代和各个民族;作为文艺流派,它只限于18世纪末到19世纪末的一个短暂的时间。过去西方常谈的是古典主义和浪漫主义,很少谈浪漫主义和现实主义,歌德就是一个著例。他在1830年3月21日这样说过:

> 古典诗和浪漫诗的概念现已传遍全世界,引起许多争执和分歧。这个概念起源于席勒和我两人。我主张诗应采取从客观世界出发的原则,认

为只有这种创作方法才可取。但是席勒却用完全主观的方法去写作,认为只有他那种创作方法才是正确的。为了针对我来为他自己辩护,席勒写了一篇论文,题为《论素朴的诗和感伤的诗》。他想向我证明:我违反了自己的意志,实在是浪漫的。说我的《伊菲革涅亚》由于情感占优势,并不是古典的或符合古代精神的,如某些人所相信的那样。施莱格尔弟兄(当时德国著名的文学史家和文艺批评家)抓住这个看法把它加以发挥,因此它就在世界传遍了,目前人人都在谈古典主义和浪漫主义,这是50年前没有人想得到的区别。(《歌德谈话录》,第221页,人民文学出版社1978年版)

这是涉及本题的最早的也是最重要的文献。歌德本人是标榜古典主义者,而依他的说明,古典主义"从客观世界出发",所以就是现实主义。席勒"完全用主观的方法"创作,所以是走浪漫主义道路的。

歌德所谈到的席勒的长篇论文对本题也特别重要。席勒从人与自然的关系来区别古典诗(即素朴的诗)与浪漫诗(即感伤诗)。他认为在希腊古典时代,人与自然一体,共处相安,人只消把自然加以人化或神化,就产生素朴的诗;

近代人已与自然分裂,眷念人类童年(即古代)的素朴状态,就想"回到自然",已去者不可复返,于是心情怅惘,就产生感伤的诗。素朴诗人所反映的是直接现实,感伤诗人却表现由现实提升上去的理想。依席勒看,古典主义和浪漫主义的对立就是现实主义与理想主义的对立。古典主义就是现实主义,这是他和歌德一致的;现实主义就是理想主义,这却是他的独特的看法。值得特别注意的是席勒在这篇论文里第一次在文艺上用了"现实主义"这个词(过去只用于哲学)。

无论是歌德还是席勒,都把浪漫主义和古典主义(实即现实主义)当作文艺创作方法来看,还没有把它们当作文艺流派来看,因为当时流派还没有正式形成。从历史发展看,浪漫运动发起较早,是西方资产阶级上升时期个人自由和自我扩张的思想的反映,是政治上对封建领主和基督教会联合统治的反抗,文艺上对法国新古典主义的反抗。这次反抗运动是由法国启蒙运动掀起的,继起的法国大革命又对它增加了巨大的推动力,德国唯心主义哲学对它也起了很大的影响。德国古典哲学(包括美学)本身就是思想领域的浪漫运动。单就美学来说,康德、黑格尔和席勒等人对崇高、悲剧性、天才、自由和个性特征的研究,特别是把文艺放在历史发展的大轮廓里去看的初步尝试,都起了解放思想的作用,提高了人的尊严,深化了人们对于文艺的理解和敏感。由于德国古典哲学是唯心的,把精神和物质的关系首尾倒置,而且把主观能动性摆在不恰当的高度,放纵情感,驰骋幻想,到了漫无约束的程度,产生了史雷格尔所吹嘘的"浪漫式的滑稽态度",把世间一切看作诗人凭幻想任意摆弄的玩具。

浪漫主义又可分积极的和消极的两派。这个分别是首先由高尔基在《谈谈我怎样学习写作》里指出的:

> 在浪漫主义里面,我们也必须分别清楚两个极端不同的倾向:一个是消极的浪漫主义——它或则是粉饰现实,想使人和现实妥协;或则是使人逃避现实,堕入自己内心世界的无益的深渊中去,堕入"人生命运之谜",爱与死等思想里去……积极的浪漫主义,则企图加强人的生活意志,唤起人心中对现实及其一切压迫的反抗心。

从此可见,这两种倾向的差别主要是人生观和政治立场的差别,有它的阶级内容。这当然是正确的,资产阶级文学史家们一般蔑视这种分别,是为着要掩盖社会矛盾,为现存制度服务。不过这个分别也不宜加以绝对化,积极的浪漫主义派往往也有消极的一面,消极的浪漫派往往也有积极的一面,应就具体情况作具体分析。例如在英国多数人眼中,在华兹华斯、雪莱和拜伦这三位浪漫派诗人之中,华兹华斯的地位最高,其次才是雪莱和拜伦,可是由于我们的文学史家们把雪莱和拜伦摆在积极的浪漫主义派,甚至摆在现实主义派,把华兹华斯摆在消极的浪漫主义派,甚至一棍子打死,根本不提,这不见得是公允的或符合马克思主义的。

现实主义作为流派,单就起源来说,在西方比浪漫运动较迟,它反映资本主义社会弊病日益显露,资产阶级的幻想开始破灭。科学随工商业的发达所带来的唯物主义和实证主义对它也起了作用。它本身是对于浪漫运动的一种反抗。它不像浪漫运动开始时那样大吹大擂,而是静悄悄地登上历史舞台的。就连现实主义(Realism)的称号比起现实主义流派的实际存在还更晚。上文提到的席勒初次使用的"现实主义"指希腊古典主义,与近代现实主义流派不是一回事。作为流派而得到"现实主义"这个称号是在1850年,一位并不出名的法国小说家向佛洛里(Chamflaury),和法国画家库尔柏(Courbet)和多弥耶(Daumier)等人办了一个以《Realisme》(现实主义)为名的刊物。他们倒提出了一个口号"不美化现实",显然受到荷兰画家冉伯伦等人(惯画平凡的甚至丑陋的老汉、村妇或顽童)的画风的影响。当时不但浪漫运动已过去,就连现实主义的一些西欧大师也已完成了他们的杰作,不可能受到这个只办了六期的"现实主义"刊物的影响。

对现实主义文艺提供理论基础的有两种著作值得一提。一种是司汤达的论文《莱辛和莎士比亚》(可参看王道乾的译本,上海译文出版社1979年版),这部著作被某些文学史家称为"现实主义作家宣言",其实它的主旨是攻击新古典主义代表莱辛而推崇"浪漫型戏剧"开山鼻祖莎士比亚的。他的名著《红与黑》的浪漫主义色彩也还很浓。另一种是实证主义派丹纳的《艺术哲学》(可参看傅雷的译本,人民文学出版社1963年版)。丹纳是应用心理学和社会学来研究美学的一位先驱,代表作是《论智力》,已为《艺术哲学》打下基础。他的基本观点是文艺的决定因素不外乎种族、环境(即他所谓的"社会圈子")和时机三种。他还认为文艺要表现人类长久不变的本质特征,而人性中对社会最有益的特征是孔德所宣扬的爱。不过丹纳的主要著作都在19世纪后半期才出版,他不能看作现实主义者预定的纲领。

法国人向来把现实主义叫作"自然主义"。不过法国以外的文学史家们一般却把现实主义和自然主义严格分开,而且"自然主义"多少已成为一个贬义词,成为现实主义的尾巴或庸俗化。它的法国的开山鼻祖和主要代表是左拉,他把实证科学过分机械地搬到小说创作里去。他很崇拜贝尔纳的《实验医学研究》,于是就企图运用这位医师的方法来建立所谓的"实验小说"。他说:

> 在每一点上我都要把贝尔纳作靠山。我一般只消把"小说家"这个名称来代替"医生"这个名称,以便把我的思想表达清楚,使它具有科学真理的精确性。(《实验小说》法文版,第2页)

这里所说的"科学真理的精确性",实际上指自然现象细节的真实性,而不要求抓住客观事物的本质。左拉在他的《卢贡家族的家运》里对一个家族及其所住的小镇作了一百几十页的烦琐描述,可以为证。自然现象细节的真实性并不等于客观事物的本质和典型化。真正的现实主义所要求的是从具体客观事物出发,去伪存真,去粗取精,对客观事物加以典型化或现象化,显出客观事物的本质和规律。而自然主义虽然也从具体客观事物出发,却满足于依样画葫芦,特别侧重表面现象的细节,这是现实主义和自然主义的基本分歧。

谈到现实主义,还要说明一下文学史家们所惯用的一个名词：批判现实主义。首创这个名词的是高尔基。他在一次和青年作家的谈话中，把近代现实主义作家称为资产阶级的"浪子"，指出他们用的是批判现实主义，其特点是：

> ……除了揭发社会恶习，描写家族传统、宗教教条和法规压制下的个人的生活和冒险外，它不能给人指出一条出路，它很容易地安于现状。

这是不是说批判现实主义是现实主义流派中的一个支派呢？恐怕不能这样看。18、19世纪的现实主义大师们一般都是"资产阶级浪子"，都起了"揭发社会恶习"的作用，却也都没有"指出一条出路"！高尔基正是在肯定他们的功绩时，指出了他们的缺陷。

从上文所谈的可以看出：现实主义和浪漫主义作为流派与作为创作方法虽有联系，却仍应区别开来。作为流派，它在西方限于18世纪末期到19世纪末期，不过有100年左右的历史。这是特定社会民族的特定时期的历史产物，我们不应把这种作为某一民族、某一时期流派的差别加以普遍化，把它生硬地套到其他时代的其他民族的文艺上去。可是在我们的文学史家们之中，这种硬套办法还很流行，说某某作家是浪漫主义派，某某作家是现实主义派。作为创作方法,任何民族在任何时期都可以有侧重现实主义与侧重浪漫主义之分。像歌德和席勒等人早就说过的,现实主义从客观现实世界出发,抓住其中本质特征,加以典型化;浪漫主义侧重从主观内心世界出发,情感和幻想较占优势。这两种创作方法的基本区别倒是普遍存在的。亚里士多德在《诗学》第二十五章就已指出三种不同的创作方法:

> 像画家和其他形象创造者一样,诗人既然是一种模仿者,他就必然在三种方式中选择一种去模仿事物:按照事物本来的样子去模仿,按照事物为人所说所想的样子去模仿,或是照事物应当有的样子去模仿。

这三种之中第二种专指神话传说的创作方法,暂且不谈;第一种"按照事物本来的样子去模仿"便是现实主义;第三种"照事物的应当有的样子去模仿",从前一般叫作"理想主义",也可以说就是浪漫主义,因为"理想"仍是人们主观方面的因素。

不过过去人们虽早已看出这种分别,却没有在这上面大做文章。等到18、19世纪作为流派的浪漫主义和现实主义各树一帜,互相争执,于是原先只是自在的分别便变成自觉的分别了。文艺史家和批评家抓住这个分别来检查过去的文艺作品,也就把它们分派到两个对立的阵营中去了。例如有人说在荷马的两部史诗之中,《伊利亚特》是现实主义的,而《奥德赛》却是浪漫主义的,并且有人因此断定《奥德赛》的作者不是荷马而是一位女诗人,大概是因为女子较富于浪漫气息吧。

我个人仍认为两种创作方法虽然是客观存在,却不宜过分渲染,使旗帜那样鲜明对立。我还是从主客观统一的观点来看待这个问题。诗是反映客观事物的,而反映客观事物却要通过进行创作的诗人,这里有人有物,有主体,有客体,缺一不行。这问题的正确答案还是所引过的高尔基的那段话,不妨重复一下其中关键性的一句:

> 在伟大的艺术家们身上,现实主义和浪漫主义时常好像是结合在一起的。

高尔基曾指责批判现实主义"不能给人指出一条出路",出路何在?当然在革命。所以在我们的社会主义时代,我还是坚信毛泽东同志的"革命的现实主义与革命的浪漫主义相结合"的主张。是否随苏联提"社会主义现实主义"较好呢?我还没有想通:一、为什么单提现实主义而不提浪漫主义呢？二、如果涉及过去的文艺史，是否也应在"现实主义"之上安一个"奴隶社会""封建社会"或"资本主义"的帽子呢？对这个问题我才开始研究，还不敢下结论。这也是一个重要问题，请诸位也分途研究一下。

十一 典型环境中的典型人物

朋友们：

前信略谈了各门艺术的差别和关系以及文学作为语言艺术的独特地位，在这个基础上就可接着谈文学创作中"典型环境中的典型人物"这个重要问题了。

艺术创作的功用不外是抒情、状物、叙事和说理四大项。各门艺术在这四方面各有特点，例如音乐和抒情诗歌特长于抒情，雕刻和绘画特长于状物，史诗、戏剧和小说特长于叙事，一般散文作品和文艺科学论著特长于说理。说理文做得好也可以成为文学典范，例如柏拉图的《对话集》、庄周的《庄子》、莱布尼兹的《原子论》和达尔文的《物种起源》。总的来说，文学对上述四大方面都能胜任愉快，而特长在叙事，"典型环境中的典型人物"也主要涉及叙事。事就是行动，即有发展过程的情节。行动的主角就是亚里士多德所说的"在行动中的人"，即人物。人物性格（Character）这个词在西文中所指的实即中国戏剧术语的"角色"。Character 的派生词 Characterestic 是"特征"。在

近代文艺理论中"特征"也带有"典型"的意思。典型（希腊文 Tupo，英文 Type）的原义是铸物的模子，同一模型可以铸造出无数的铸件。这个词在希腊文与 Idee 为同义词，Idee 的原义为印象或观念，引申为 ideal 即理想，因此在西文中过去常以"理想"来代替"典型"，在近代，"理想"和"典型"也有时互换使用。"环境"指行动发生的具体场合，即客观现实世界，包括社会类型、民族特色、阶级力量对比、文化传统和时代精神，总之，就是历史发展的现状和趋势。这些词有时引起误解，所以略加说明。

亚里士多德在《诗学》第九章里曾对艺术典型作了很好的说明，到近代，西方文艺理论家们才逐渐理解它的很深刻的意义。其文如下：

> 诗人的职责不在描述已发生的事，而在描述可能发生的事，即按照可然律和必然律是可能的事……因此，诗比历史是更哲学的，更严肃的，因为诗所说的大半带有普遍性，而历史所说的则是个别的事。所谓普遍性是指某一类型的人，按照可然律或必然律，在某种场合会做些什么事，说些什么话，诗的目的就在此，尽管它在所写的人物上安上姓名。

由此可见，亚里士多德强调艺术典型须显出事物的本质和规律，不是于事已然，而是于理当然；于事已然都是个别的，于理当然就具有普遍性，所以说诗比历史是更哲学的，更严肃的，也就是具有更高度的真实性。不过诗所写的还是个别人物，即"安上姓名的"人物。在个别人物事迹中见出必然性与普遍性，这就是一般与特殊的统一，正是艺术典型的最精确的意义。

毛泽东同志《在延安文艺座谈会上的讲话》里对艺术典型也说得极透辟：

> 人类的社会生活虽是文学艺术的唯一源泉，虽是较之后者有不可比拟的生动丰富的内容，但是人民还是不满足于前者而要求后者。这是为什么呢？因为虽然两者都是美，但是文艺作品中反映出来的生活却可以而且应该比普通的实际生活更高，更强烈，更有集中性，更典型，更理想，因此就更带普遍性。革命的文艺，应当根据实际生活创造出各种各样的人物来，帮助群众推动历史的前进。（《毛泽东选集》第3卷，第818页，人民出版社1967年版）

这在强调文艺比实际生活更高等方面，与亚里士多德的话不谋而合，但在新的形势下毛泽东同志特别点出革命的文艺"帮助群众推动历史前进"的教育作用。

在西方，亚里士多德的《诗学》长期没有发生影响，而长期发生影响的是罗马文艺理论家贺拉斯（公元前65—公元8年）的《诗艺》。这位拉丁古典主义代表把典型狭窄化为"类型"和"定型"。亚里士多德所强调的普遍性不是根据统计平均数而是符合事物的本质和规律，贺拉斯的"类型"则论量不论质，普遍性不是合理性而是代表性，具有类型的人物就是他那一类人物的代表。贺拉斯在《诗艺》里劝告诗人说："如果你想听众屏息静听到终场，鼓掌叫好，你就必须根据每个年龄的特征，把随着年龄变化的性格写得妥帖得体……不要把老年人写成青年人，把小孩写成成年人。"可见类型便是同类人物的常态，免不了公式化、概念化，既不顾具体环境，也不顾人物的个性。

类型之外，贺拉斯还提出"定型"。他号召诗人最好借用古人在神话传说或文艺作品中已经用过的题材和人物性格，古人把一个人物性格写成什么样，后人借用这个人物性格，也还应写成那样，例如荷马把阿喀琉斯写成"暴躁、残忍和凶猛的人物"，你借用这个古代英雄，也就得把他写成像荷马所写的那样。这种"定型"正是中国旧戏所常用的，例如写曹操或诸葛亮，你就得根据《三国演义》；写宋江或鲁智深，你就得根据《水浒传》；写林黛玉或尤三姐，你就得根据《红楼梦》。

贺拉斯之后，西方文艺理论发生影响最大的是17世纪法国新古典主义代表布瓦洛，他也写过一本《诗艺》，也跟着贺拉斯宣扬类型和定型。这种使典型庸俗化和固定化的类型为一般而牺牲特殊，为传统而牺牲现实，当然不合我们近代人的口味，但是在过去却长期受到欣赏。理由大概有两种，一种是过去统治阶级（特别是封建领主）为了长保政权，要求一切都规范化和稳定化，类型便是文艺上的规范化，定型便是文艺上的稳定化。也是为了这种政治原因，过去在文艺上登上舞台的主角一般就是在政治上登上舞台的领导人物，他们总是被美化成威风凛凛不可一世的英雄，至于平民一般只能当喜剧中的丑角乃至于"跑龙套的"，在正剧中至多也只当个配角。类型和定型盛行的另一个理由是被统治阶级的文化就是统治阶级的文化，一般倾向于保守。所以一般听众对自己所熟知的人物和故事比对自己还很生疏的题材和音调还更喜闻乐见。就连我们自己也至今还爱听《三国演义》《封神榜》和《水浒传》之类旧小说中的故事和取材于它们的戏剧和曲艺。

话虽如此说,自从近代资产阶级登上历史舞台以来,艺术典型观也确实起了两个重大的转变:一、在一般与特殊(共性与个性)的对立关系上,重点由共性转向个性,终于达到共性与个性的统一。解放个性原是新兴资产阶级的一个理想。二、在人物行动的动因方面,艺术典型由蔑视或轻视环境转向重视环境,甚至比人物性格还看得更重要。从前只讲人物性格,现在却讲"典型环境中的典型人物"。这主要由于近代社会政局的激变与自然科学和社会科学的发展而造成的。在美学中这两大转变由德国古典哲学特别是黑格尔哲学开其端,由马克思主义创始人在批判黑格尔的基础上集其大成。现在分述如下:

一、艺术典型作为共性与个性的统一体所涉及的首要问题是在创作过程中究竟先从哪一方面出发,是从共性还是从个性?这也就是从公式、概念出发还是从具体现实人物事迹出发?首先提出这个问题的是德国诗人歌德。他在1824年的《关于艺术的格言和感想》中有一段著名的语录:

> 诗人究竟为一般而找特殊,还是在特殊中显出一般,这中间有很大的分别。由前一种程序产生出寓意诗,其中特殊只作为一个例证才有价值。后一种程序才适合诗的本质,它表现出一种特殊,

并不想到或明指出一般,谁如果生动地掌握住这特殊,他就会同时获得一般而当时却意识不到,或是事后才意识到。

这个提法很好地解决了形象思维与文艺思想性的关系问题,是一个现实主义的提法,在当时美学界产生了广泛的影响。

黑格尔受歌德的影响就很深,在他的《美学》里多次提到歌德的这类思想。但是他的"理念的感性显现"那个著名的美的定义(亦即艺术典型的定义)显然还是从概念出发,带有客观唯心主义的烙印。不过他比歌德毕竟前进了一步,他认识到歌德还没有认识到或没有充分强调过的典型人物性格与典型环境的统一,而典型环境起着决定典型人物性格的作用。"环境"在黑格尔的词汇中叫作"情境"(Situation),是由当时"世界情况"(Welt Zustand)决定的。世界情况包括他有时称之为"神"的"普遍力量",即某特定时代的伦理、宗教、法律等方面的人生理想,例如恋爱、名誉、光荣、英雄气质、友谊、亲子爱之类所凝成的"情致"。这些情致各有片面性,在特定情境中会导致冲突斗争(例如忠孝不能两全的情境)。在这种情境中当事人须在行动上决定何去何从,这时才可以显出他的性格,才"揭露出他究竟是什么样的人","人格的伟大和刚强的程度只有借矛盾对立的伟大和刚强的程度才能衡量出来"。他这样运用辩证发展的观点来说明人物性格的形成，是颇富于启发性的，他的著名的悲剧学说就是根据这种辩证观点提出来的。

黑格尔虽从"理念"出发，却仍把重点放在"感性显现"上，体现理想的人仍必须是一个活生生的有血有肉的人，他说得很明确：

> 每个人都是一个整体，本身就是一个世界，每个人都是一个完满的有生气的人，而不是某种孤立的性格特征的寓言式的抽象品。（黑格尔：《美学》第1卷，第303页，商务印书馆1979年版）

在这一点上他毕竟仍和歌德一致，他在《美学》中对一些人性格的分析也显出了这一点。

马克思主义创始人就是在批判继承黑格尔的美学体系中形成他们的艺术典型观的。恩格斯在致敏·考茨基的信里谈她的《旧人与新人》时说：

> ……每个人都是典型，但同时又是一定的个

人。正如黑格尔老人所说的,是"一个这个"(Ein diescr),而且应当是如此。(《马克思恩格斯选集》第 4 卷,第 453 页,人民出版社 1972 年版。译文略有改动)

不少的读者(包括过去的我自己)感到"一个这个"很费解。其实这个出自《精神现象学》的词组原指"一个这样的具体感性事物",在这里就指"一个这样的具体人物",亦即上文所说的"一定的个人"。该词组仍须和上文"每个人都是典型"句联系在一起来看,仍是强调典型与个性的统一。恩格斯在下文批评《旧人与新人》的缺点说,"爱莎过于理想化","在阿尔诺德身上,个性就更多地消融到原则里去了",就是说概念淹没了个性,还不够典型。从此可以体会出上引一段话与其说是称赞《旧人与新人》,倒不如说是陈述他自己的艺术典型观,特别是因为他引了黑格尔的话之后加上了"而且应当如此"。

已成成语约定俗成的词语的"典型环境中的典型人物"是由恩格斯在《致玛·哈克纳斯的信》中首次提出的:

据我看来,现实主义的意思是,除细节的真实外,还要真实地再现典型环境中的典型人物。

(《马克思恩格斯选集》第 4 卷，第 462 页，人民出版社 1972 年版）

恩格斯认为《城市姑娘》还不完全是现实主义的，因为作者对其中人物在消极被动方面的描绘，虽说是够典型的，"但是环绕着这些人物并促使他们行动的环境也许就不是那样典型了"。故事情节发生在 1887 年左右，当时工人运动已在蓬勃发展，而《城市姑娘》却把当时工人阶级描写成消极被动的一群，等待"来自上面"的恩施，这就不符合历史发展的真实情况，也就是说，环境不够典型。环境既是"环绕着书中人物而促使他们行动的"，环境既不是典型的，人物也就不可能是典型的了。恩格斯与人为善，话往往说得很委婉，在肯定她的人物够典型之前加上一句"在他们的限度之内"（So far as they go，信原是用英文写的），也就是说"像你所设想的他们那样消极被动"。这封信值得特别注意的是恩格斯把"真实地再现典型环境中的典型人物"看作现实主义的主要因素。典型既然这样与现实主义联系起来，双方都因此获得一个新的更明确的含义，就是符合历史发展的真实情况。马克思和恩格斯都推崇巴尔扎克的《人间喜剧》，也正因为它真实地反映了 1816—1848 年的历史发展中一些典型环境中的典型人物。

最能说明典型须符合历史发展真实情况的是马克思和恩格斯分别答复拉萨尔的两封信。他们不约而同地都指责拉萨尔所谓的"革命悲剧"《佛朗茨·封·济金根》里把一个已没落而仍力图维护特权的封建骑士，写成一个要求宗教自由和民族统一的新兴资产阶级代言人，向罗马教廷和封建领主进行斗争。拉萨尔没有看到当时革命势力是闵泽尔所领导的农民和城市平民。他这个机会主义者竟歪曲了当时历史发展的情况和趋势。更荒谬的是他把17世纪的德国封建骑士的内讧的失败说成"革命悲剧"，而且认为后来的法国革命和1848年的欧洲各国革命的失败也都是复演那次骑士内讧的悲剧，并预言将来的革命也会复演那次悲剧，理由是革命者"目的无限而手段有限"，不得不耍"外交手腕"进行欺骗。这就不但根本否定了革命，也否定了历史发展和典型环境中的典型人物。他甚至扬言农民起义比起骑士内讧还更反动。马克思看出他不可救药，便不再回他的信，于是轰动一时的"济金根论战"便告结束。

从上引几封信看，马克思主义创始人都把典型环境看作决定人物性格的因素，而典型环境的内容首先是当时阶级力量的对比。他们的态度始终是朝前看的，他们的同情始终是寄托在前进的革命的一方。他们赋予典型环境中的典型人物性格以一种崭新的意义：典型环境是革命形势中的

环境，典型人物也是站在革命方面的人物。我们研究剧本和小说，如果经常根据马克思主义的典型观，对环境和人物性格都进行认真的分析，对文学作品和美学理论的理解就会比较深透些，今后不妨多在这方面下功夫。

十二 审美范畴中的悲剧性和喜剧性

朋友们：

诸位来信有问到审美范畴的。范畴就是种类。审美范畴往往是成双对立而又可以混合或互转的。例如与美对立的有丑，丑虽不是美，却仍是一个审美范畴。讨论美时往往要联系到丑或不美，例如马克思在《经济学—哲学手稿》里就提到劳动者创造美而自己却变成丑陋畸形。特别在近代美学中丑转化为美已日益成为一个重要问题。丑与美不但可以互转，而且可以由反衬而使美者愈美，丑者愈丑。我们在第二封信里就已举例约略谈到丑转化为美以及肉体丑可以增加灵魂美的问题。这还涉及自然美和艺术美的差别和关系的问题。对这类问题深入探讨，可以加深对辩证唯物主义的理解。

美与丑之外，对立而可混合或互转的还有崇高和秀美以及悲剧性与喜剧性两对审美范畴。既然叫作审美范畴，也就要隶属于美与丑这两个总的范畴之下。崇高（亦可叫作"雄伟"）与秀美的对立类似中国文论中的"阳刚"与"阴柔"。我在旧著《文艺心理学》第十五章里曾就此详细讨论过。例如狂风暴雨、峭岩悬瀑、老鹰古松之类自然景物以及莎士比亚的《李尔王》、米开朗琪罗的雕刻和绘画、贝多芬的《第九交响曲》、屈原的《离骚》、庄子的《逍遥游》和司马迁的《项羽本纪》、阮籍的《咏怀》、李白的《古风》一类文艺作品，都令人起崇高或雄伟之感。春风微雨、娇莺嫩柳、小溪、曲涧、荷塘之类自然景物和赵孟頫的字画、《花间集》、《红楼梦》里的林黛玉、《春江花月夜》乐曲之类文艺作品都令人起秀美之感。崇高的对象以巨大的体积或雄伟的精神气魄突然向我们压来，我们首先感到的是势不可挡，因而惊惧，紧接着这种自卑感就激起自尊感，要把自己提到雄伟对象的高度而鼓舞振奋，感到愉快。所以崇高感有一个由不愉快而转化到高度愉快的过程。一个人多受崇高事物的鼓舞可以消除鄙俗气，在人格上有所提高。至于秀美感则是对娇弱对象的同情和宠爱，自始至终是愉快的。刚柔相济，是人生应有的节奏。崇高固可贵，秀美也不可少。这两个审美范畴说明美感的复杂性，可以随人而异，也可以随对象而异。

至于悲剧和喜剧这一对范畴在西方美学思想发展中一向就占据特别重要的地位，这方面的论著比任何其他审美范畴的都较多。我在旧著《文艺心理学》第十六章"悲剧的喜感"里和第十七章"笑与喜剧"里已扼要介绍过,在新著《西方美学史》里也随时有所陈述,现在不必详谈。悲剧和喜剧都属于戏剧,在分谈悲剧与喜剧之前,应先谈一下戏剧的性质。戏剧是对人物动作情节的直接模仿,不是只当作故事来叙述,而是用活人为媒介,当着观众直接扮演出来,所以它是一种最生动鲜明的艺术,也是一种和观众打成一片的艺术。人人都爱看戏,不少的人都爱演戏。戏剧愈来愈蓬勃发展。黑格尔曾把戏剧放在艺术发展的顶峰。西方几个文艺鼎盛时代,例如古代的希腊,文艺复兴时代的英国、西班牙和法国,浪漫运动时代的德国都由戏剧来领导整个时代的文艺风尚。我们不禁要问:戏剧这个崇高地位是怎样得来的?要回答这个问题,还要"数典不能忘祖"。不但人,就连猴子鸟雀之类动物也模仿同类动物乃至人的声音笑貌和动作来做戏。不但成年人,就连婴儿也爱模仿所见到的事物来做戏,表现出离奇而丰富的幻想,例如和猫狗乃至桌椅谈话,男孩用竹竿当作马骑,女孩装着母亲喂玩具的奶。这些游戏其实就是戏剧的雏形,也是对将来实际劳动生活的学习和训练。多研究一下"儿戏",就可以了解关于戏剧的许多道理。首先是儿童从这种游戏中得到很大的快乐。这种快乐之中就带有美感。人既然有生命力,就要使他的生命力有用武之地,就要动,动

就能发挥生命力，就感到舒畅；不动就感到"闷"，闷就是生命力被堵住，不得畅通，就感到愁苦。汉语"苦"与"闷"连用，"畅"与"快"连用，是大有道理的。马克思论劳动，也说过美感就是人使各种本质力量能发挥作用的乐趣。人为什么爱追求刺激和消遣呢？都是要让生命力畅通无阻，要从不断的活动中得到乐趣。因此，不能否定文艺（包括戏剧）的消遣作用，消遣的不是时光而是过剩的精力。要惩罚囚犯，把他放在监狱里还戴上手铐脚镣，就是逼他不能自由动弹而受苦，所以囚犯总是眼巴巴地盼望着"放风"的时刻。我们现在要罪犯从劳动中得到改造，这是合乎人道主义的。我们正常人往往进行有专责的单调劳动，只有片面的生命力得到发挥，其他大部分生命力也遭到囚禁，难得全面发展，所以也有定时"放风"的必要。戏剧是一个最好的"放风"渠道，因为其他艺术都有所偏，偏于视或偏于听，偏于时间或偏于空间，偏于静态或偏于动态，而戏剧却是综合性最强的艺术，以活人演活事，使全身力量都有发挥作用的余地，而且置身广大群众中，可以有同忧同乐的社会感。所以戏剧所产生的美感在内容上是最复杂、最丰富的。

无论是悲剧还是喜剧，作为戏剧，都可以产生这种内容最复杂也最丰富的美感。不过望文生义，悲喜毕竟有所不同，类于悲剧的喜感，西方历来都以亚里士多德在《诗学》里的悲剧净化论为根据来进行争辩或补充。依亚里士多德的看法，悲剧应有由福转祸的结构，结局应该是悲惨的。理想的悲剧主角应该是"和我们自己类似的"好人，为着小过失而遭到大祸，不是罪有应得，也不是完全无过错，这样才既能引起恐惧和哀怜，又不至于使我们的正义感受到很大的打击。恐惧和哀怜这两种悲剧情感本来都是不健康的，悲剧激起它们，就导致它们的"净化"或"发散"（Katharsis），因为像脓包一样，把它戳穿，让它发散掉，就减轻它的毒力，所以对人在心理上起健康作用。这一说就是近代心理分析派弗洛伊德（S·Freud）的"欲望升华"或"发散治疗"说的滥觞。依这位变态心理学家的看法，人心深处有些原始欲望，最突出的是子对母和女对父的性欲，和文明社会的道德法律不相容，被压抑到下意识里形成"情意综"，作为许多精神病例的病根。但是这种原始欲望也可采取化装的形式，例如神话、梦、幻想和文艺作品往往就是原始欲望的化装表现。弗洛伊德从这种观点出发，对西方神话、史诗、悲剧乃至近代一些伟大艺术家的作品进行心理分析来证明文艺是"原始欲望的升华"。这一说貌似离奇，但其中是否包含有合理因素，是个尚待研究的问题，他的观点在现代西方还有很大的影响。

此外,解释悲剧喜感的学说在西方还很多,例如柏拉图的幸灾乐祸说,黑格尔的悲剧冲突与永恒正义胜利说,叔本华的悲剧写人世空幻、教人退让说,尼采的悲剧为酒神精神和日神精神的结合说。这些诸位暂且不必管,留待将来参考。

关于喜剧,亚里士多德在《诗学》里只留下几句简短而颇深刻的话:

> 喜剧所模仿的是比一般人较差的人物。"较差"并不是通常所说的"坏"(或"恶"),而是丑的一种形式。可笑的对象对旁人无害,是一种不至于引起痛感的丑陋或乖讹。例如喜剧的面具既怪且丑,但不至于引起痛感。

这里把"丑"或"可笑性"作为一种审美范畴提出,其要义就是"谑而不虐"。不过这只是现象,没有说明"丑陋或乖讹"何以令人发笑,感到可喜。近代英国经验派哲学家霍布斯提出"突然荣耀感"说作为一种解释。霍布斯是主张性恶论的,他认为"笑的情感只是在见到旁人的弱点或自己过去的弱点时突然想起自己的优点所引起的'突然荣耀感'",觉得自己比别人强,现在比过去强。他强调"突然",因为"可笑的东西必定是新奇的,不期然而然的"。

此外关于笑与喜剧的学说还很多,在现代较著名的有法国哲学家柏格森的《笑》(*Le Rire*)。他认为笑与喜剧都起于"生命的机械化"。世界在不停地变化,有生命的东西应经常保持紧张而有弹性,经常能随机应变。可笑的人物虽有生命而僵化和刻板公式化,"以不变应万变",就难免要出洋相。柏格森举了很多例子。例如一个人走路倦了,坐在地上休息,没有什么可笑,但是闭着眼睛往前冲,遇到障碍物不知回避,一碰上就跌倒在地上,这就不免可笑。有一个退伍的老兵改充堂倌,旁人戏向他喊"立正",他就慌忙垂下两手,把捧的杯盘全都落地打碎,这就引起旁人大笑。依柏格森看,笑是一种惩罚,也是一种警告,使可笑的人觉到自己笨拙,加以改正。笑既有这样的实用目的,所以它引起的美感不是纯粹的。"但笑也有几分美感,因为社会和个人在超脱生活急需时把自己当作艺术品看待,才有喜剧"。

现代值得注意的还有已提到的弗洛伊德的"巧智与隐意识",不过不是三言两语可以介绍清楚的。他的英国门徒谷列格(Greig)在1923年编过有关笑与喜剧的书籍目录,书目中的书籍有三百几十种之多。诸位将来如果对这个专题想深入研究,可以参考。

我提出悲剧和喜剧这两个范畴作为最后一封信来谈，因为戏剧是文艺发展的高峰，是人民大众所喜闻乐见的综合性艺术。从电影、电视剧乃至一般曲艺的现状来看，可以预料到愈到工业化高度发展的时代，戏剧就愈有广阔而光明的未来。社会主义时代是否还应该有悲剧和喜剧呢？在苏联，这个问题早已提出，可参看卢那察尔斯基（1875—1933）的《论文学》（可参看蒋路的译文，人民文学出版社1978年版）中"社会主义现实主义"章。近来我国文艺界也在热烈讨论这个问题，这是可喜的现象。我读过有关这些讨论的文章或报告，感到有时还有在概念上兜圈子的毛病，例如恩格斯在复拉萨尔的信里是否替悲剧下过定义，我们所需要的是否还是过去的那种悲剧和喜剧之类。有人还专从阶级斗争观点来考虑这类问题，有时也不免把问题弄得太简单化了，我们还应该多考虑一些具体的戏剧名著和戏剧在历史上的演变。

从西方戏剧发展史来看，我感到把悲剧和喜剧截然分开在今天已不妥当。希腊、罗马时代固然把悲剧和喜剧的界限划得很严，其中原因之一确实是阶级的划分。上层领导人物才做悲剧主角，而中下层人物大半只能厕身于喜剧。到了文艺复兴时代资产阶级（所谓"中层阶级"）已日渐登上政治舞台，也就要求登上文艺舞台了，民众的力量日益增强了，于是悲剧和喜剧的严格划分就站不住了。英国的莎士比亚和意大利的瓜里尼（Battista Guarini）不约而同地创造出悲喜混杂剧来。瓜里尼还写过一篇《悲喜混杂剧体诗的纲领》，把悲喜混杂剧比作"寡头政体和民主政体相结合的共和政体"。这就反映出当时意大利城邦一般人民要和封建贵族分享政权的要求。莎士比亚的悲喜混杂剧大半在主情节（main plot）之中穿插一个副情节（Sub plot），上层人物占主情节，中下层人物则厕居副情节。如果主角是君主，他身旁一般还有一两个喜剧性的小丑，正如塞万提斯的传奇中堂吉诃德之旁还有个桑丘·潘沙。这部传奇最足以说明悲剧与喜剧不可分。堂吉诃德本人既是一个喜剧人物，又是一个十分可悲的人物。到了启蒙运动时，在狄德罗和莱辛的影响之下，市民剧起来了，从此就很少有人写古典型的悲剧了。狄德罗主张用"严肃剧"来代替悲剧，只要题材重要就行，常用的主角不是达官贵人而是一般市民，有时所谓的重要题材也不过是家庭纠纷。愈到近代，科学和理智日渐占上风，戏剧已不再纠缠在人的命运或诗的正义这些方面的矛盾，而要解决现实世界所面临的一些问题，于是易卜生和萧伯纳式的"问题剧"就应运而生。近代文艺思想日益侧重现实主义，现实世界的矛盾本来很复杂，纵横交错，很难严格区分为悲喜两个类型。就主观方面来说，有人偏重情感，有人偏重理智，对戏剧的反应也有大差别。我想起法国人有一句名言："世界对爱动情感的人是个悲剧，对爱思考的人是个喜剧。"上文我已提到堂吉诃德，可以被人看成喜剧的，也可以被人看作悲剧的。电影巨匠卓别林也许是另一个实例。他是世所公认的大喜剧家，他的影片却每每使我起悲剧感，他引起的笑是"带泪的笑"。看《城市之光》时，我暗中佩服他是现代最大的一位悲剧家。他的作品使我想起对丑恶事物的笑或许是一种本能性的，我对丑恶事物的笑，说明我可以不被邪恶势力压倒。我比它更强有力，可以和它开玩笑，卓别林的笑仿佛有这么一点意味。

因此，我觉得现在大可不必从概念上来计较悲剧、喜剧的定义和区别。我们当然不可能"复兴"西方古典型的单纯的悲剧和喜剧。正在写这封信时，我看到最近上演的一部比较成功的话剧《未来在召唤》，在感到满意之余，我就自问：这部剧究竟是悲剧还是喜剧？它的圆满结局不能使它列入悲剧范畴，它处理现实矛盾的严肃态度又不能使它列入喜剧。我从此想到狄德罗所说的"严肃剧"或许是我们的戏剧今后所走的道路。我也回顾了一下我们自己的戏剧发展史，凭非常浅薄的认识，我感到我们中华民族的喜剧感向来很强，而悲剧感却比较薄弱。其原因之一是我们的"诗的正义感"很强,爱好大团圆的结局,很怕看到亚里士多德所说的"像我们自己一样的好人因小过错而遭受大的灾祸"。不过这类不符合"诗的正义"(即"善有善报,恶有恶报")的遭遇在现实世界中却是经常发生的。"诗的正义感"本来是个善良的愿望,我们儒家的中庸之道和《太上感应篇》的影响也起了不小的作用。悲剧感薄弱毕竟是个弱点,看将来历史的演变能否克服这个弱点吧。

现在回到大家正在热烈讨论的"社会主义时代还要不要悲剧和喜剧"这个问题,这只能有一个实际意义:社会主义社会里是否还有悲剧性和喜剧性的人和事。过去十几年林彪和"四人帮"的血腥的法西斯统治已对这个问题做出了明确的答复:当然还有!在理论上辩证唯物主义和历史唯物主义也早就对这个问题做了根本性的答复。历史是在矛盾对立斗争中发展的,只要世界还在前进,只要它还没有死,它就必然要动,动就有矛盾对立斗争的人和事,即有需要由戏剧来反映的现实材料和动作情节。这些动作情节还会是悲喜交错的,因为悲喜交错正是世界矛盾对立斗争在文艺领域的反映,不但在戏剧里是如此,在一切其他艺术里也是如此;不但在社会主义时代是如此,在未来的共产主义时代也还是如此。祝这条历史长河永流不息!

十三　结束语:"还须弦外有余音"

朋友们：

　　限于篇幅、时间和个人的精力，这些谈美的信只得暂告结束了。回顾写过的十二封信，感到有些欠缺应向读者道歉。

　　首先，有些看过信稿的朋友告诉我："看过你在新中国成立前写的那部《谈美》，拿这部新作和它比起来，我们感觉到你现在缺乏过去的那种亲切感和深入浅出的文笔了；偶尔不免有'高头讲章'的气味，不大好懂，有时甚至老气横秋，发点脾气。"我承认确实有这些毛病，并且要向肯向我说真话的朋友们表示感激。既然在和诸位谈心，我也不妨直说一下我的苦衷。旧的《谈美》是在半个世纪以前我自己还是一个青年的大学生时代写的。那时我和青年们接触较多，是他们的知心人，我自己的思想情感也比现在活跃些，而现在我已是一个进入83岁的昏聩老翁了，这几十年来一直在任教和写"高头讲章"，脑筋惯在抽象理论上兜圈子，我对"四人帮"的迫害倒不是"心有余悸"而是"心有余恨"，对文风的丑恶现象经常发点脾气,这确实是缺乏涵养。我不能以一个龙钟老汉冒充青年人来说话,把话说得痛快淋漓,我只好认输,对青年人还有一大段光明前程只有深为羡慕而已。

"高头讲章"的气味我也不太欣赏,所以动笔行文时也力求避免写成教科书。写出来的也决够不上教科书的水平。好在《美学概论》和《文学概论》之类著作现在也日渐多起来了,我何必去滥竽充数呢?我之终于答应写《谈美书简》,一则是要报答来信来访和来约者的盛意;二则是自从新中国成立以来我一直在抓紧时间学习马列主义经典著作,对过去自己言论中的错误和不妥处也日渐有所认识,理应趁这段行将就木的余年向读者作个检查或"交代"。

其次,朋友们来信经常问到学美学应该读些什么书。他们深以得不到想读的书为苦,往往要求我替他们买书和供给资料。他们不知道我自己在20世纪60年代以后也一直在闭关自守,坐井观天,对国际学术动态完全脱节,所以对这类来信往往不敢答复。老一点的资料我在《西方美学史》下卷附录里已开过一个"简要书目",其中大多数在国内还是不易找到的。好在现在书禁已开,新出版的书刊已日渐多起来了,真正想读书的当不再愁没有书读了。人愈老愈感到时间可贵,所以对问到学外语和美学的朋友们,

十三 结束语:"还须弦外有余音"

我经常只进这样几句简短的忠告:不要再打游击战,像猴子掰苞谷,随掰随丢,要集中精力打歼灭战,要敢于攻坚。不过歼灭战或攻坚战还是要一仗接着一仗打,不要囫囵吞枣。学美学的人入手要做的第一件大事还是学好马列主义。不要贪多,先把《马克思恩格斯选集》通读一遍,尽量把它懂透,真正懂透是终生的事,但是先要养成要求懂透的习惯。其次,如果还没有掌握一种外语到能自由阅读的程度,就要抓紧补课,因为在今天学任何科学都要先掌握国际最新资料,闭关自守绝没有出路。第三,要随时注意国内文艺动态,拿出自己的看法;如果有余力,最好学习一门性之所近的艺术:文学、绘画或音乐,避免将来当空头美学家或不懂文艺的文艺理论家。

第三,我写这十几封信只是以谈心的方式来谈常盘踞在我心里的一些问题,不是写美学课本,所以一般美学课本里必谈的还有很多问题我都没有详谈,例如内容和形式,创作、欣赏与批评,批判和继承,民族性和人民性,艺术家的修养之类问题。对这类问题我没有什么值得说的新见解,我就不必说了。不过我心里也还有几个大家不常说或则认为不必说而我却认为还值得说的问题,因为还没有考虑成熟,也不能在此多谈。

一个问题是我在《西方美学史》上卷"绪论"中所提

的意识形态属于上层建筑而不等于上层建筑的问题。我认为上层建筑中主要因素是政权机构，其次才是意识形态。这两项不能等同起来，因为政权机构是社会存在，而意识形态只是反映社会存在的社会意识。二者之间不能画等号，有马克思主义创始人的许多话可以为证。我当时提出这个问题，还有一个要把政治和学术区别开来的动机。我把这个动机点明，大家就会认识到这个问题的重要性。这是值得进一步讨论的，而且不是某个人或某部分人所能解决的，还须根据"双百"方针以民主方式进行深入讨论才行。现在这项讨论已开始展开了。我现在还须倾听较多的意见，到适当的时候再作一次总的答复，并参照提出的意见，进行一次自我检查。如果发现自己错了，我就坚决地改正；如果没有被说服，我就仍然坚持下去，不过这是后话了。

另一个大家不常谈而我认为还必须认真详谈的就是必然和偶然在文学中辩证统一的问题。我是怎样想起这个问题的呢？巴尔扎克在《人间喜剧》的"序言"里说过："机缘是世界上最伟大的小说家；要想达到丰富，足消去研究机缘。""机缘"是我用来释译原文 Hasard 的一个词，它本有"偶然碰巧"的意思，读到这句话时，我觉得很有意思，但其中的道理我当时并没有懂透。后来我读到恩格斯在1890年9月初给约·布洛赫的信中有这样一段话：

十三 结束语:"还须弦外有余音"

> ……这里表现出这一切因素的交互作用,而在这种交互作用中归根到底是经济运动作为必然因素,通过无穷无尽的偶然事件(即这样一些事物,其中内部联系很疏远或很难确定,使我们把它们忽略掉甚至认为它们并不存在)而向前发展……(《马克思恩格斯选集》第4卷,第477页,译文略有改动)

这就是说,必然要通过偶然而起作用。我就把这种偶然事件和巴尔扎克的"机缘"联系起来。我又联想到马克思关于拿破仑说过类似的话,以及普列汉诺夫在谈个人在历史中的作用时引用过法国帕斯卡的一句俏皮话:"如果埃及皇后克里奥佩特拉(Cleopatra)的鼻子生得低一点,世界史也许会改观。"这些关于"偶然"的名言在我脑子里就偶然成了一个火种在开始燃烧。等到今夏我看日本影片《生死恋》时,看到女主角夏子因试验爆炸失火而焚身,就把一部本来也许可写成喜剧的戏变成一部令人痛心的悲剧,我脑子里那点火种便迸发成四面飞溅的火花。我联想到美学上许多问题,联想到许多文艺杰作特别是戏剧杰作里都有些"偶然"或"机缘"在起作用,突出的例子在希腊有俄狄浦斯弑父娶母的三部曲,在英国有莎士比亚的《罗密欧与朱丽叶》,在德国有席勒的《威廉·退尔》,在中国有《西厢记》和《牡丹亭》。中国小说向来叫作"志怪"或"传奇",奇怪也者,偶然机缘也,不期然而然也。试想一想中国过去许多神怪故事,从《封神榜》《西游记》《聊斋志异》《今古奇观》到近来的复映影片《大闹天宫》,如果没有那么多的偶然机缘,绝不会那么引人入胜。它们之所以能引人入胜,就因为能引起惊奇感,而惊奇感正是美感中的一个重要因素。我因此想到正是偶然机缘创造出各民族的原始神话,而神话正是文艺的土壤。恩格斯解释"偶然事件"时说它们有"内部联系",不过人对这种联系还没有认识清楚,也就是说还处于无知状态。人不能安于无知,于是幻想出这种偶然事件的创造者都是神。古希腊人认为决定悲剧结局的是"命运",而命运又有"盲目的必然"的称号,意思也就是"未知的必然"。中国也有一句老话"城隍庙里的算盘——不由人算",这也是把未知的必然(即偶然)归之于天或神。这一方面暴露人的弱点,另一方面也显出人凭幻想去战胜自然的强大生命力。现实和文艺都不是一潭死水,纹丝不动,一个必然扣着另一个必然,形成铁板一块,死气沉沉的。古人形容好的文艺作品时经常说"波澜壮阔"或则说"风行水上,自然成纹",因此就表现出充沛的生命力和高度的自由,表现出巧妙。"巧"也就是偶然机缘。中国还有一句老话"无巧不成书",也就是说,没有偶然机缘就创造不出好作品。好作品之中常有所谓的"神来之笔"。过去人们迷信"灵感",以为好作品都要凭神力,其实近代心理学已告诉我们,所谓"灵感"不过是作者在下意识中长久酝酿而突然爆发到意识里,这种突然爆发却有赖于事出有因而人尚不知其因的偶然机缘。法国大音乐家柏辽兹(1803—1869)曾替一首诗作乐谱,全诗都谱成了,只剩收尾"可怜的兵士,我终于要再见法兰西"一句,就找不到适合的乐调。搁下两年之后,他在罗马失足落水,爬起来时口里所唱的乐调正是两年前苦心搜寻而没有获得的。他的落水便是一种偶然机缘。杜甫有两句诗总结了他自己的创作经验:"读书破万卷,下笔如有神。""神"就是所谓的"灵感",像是偶然,其实来自"读书破万卷"的辛勤劳动。这就破除了对灵感的迷信。我国还有一句老话"熟中生巧",灵感也不过是熟中生巧,还是长期锻炼的结果。能令百炼刚,化为绕指柔,才使人感到巧,才产生美感。这种美感从跳水、双杠表演、拳术、自由体操的"绝技"和"花招"中最容易见出。京剧《三岔口》之所以受到欢迎,也在许多应付偶然的花招所引起的惊奇感。

我抱着"偶然机缘"这个问题左思右想,愈想下去就

愈觉得它所涉及的范围甚广，前信所谈到的喜剧中的"乖讹"便涉及"偶然机缘"。我国最有科学条理的文论家刘勰在《文心雕龙》里特辟"谐隐"一章来讨论说笑话和猜谜语，也足见他重视一般人所鄙视的文字游戏。文字游戏不应鄙视，因为它受到广大人民的热烈欢迎，它是一般民歌的基本要素，也是文人诗词的一个重要组成部分。民歌最富于"谐趣"（就是所谓的"幽默感"）。真正的"谐"大半是"不虐之谑"，谐的对象总有某种令人鄙视而不至于遭人痛恨的丑陋和乖讹。例如一首流行的民歌：

一个和尚挑水喝，两个和尚抬水喝，三个和尚没水喝。

出乎情理之常的是"三个和尚没水喝"，非必然而竟然，所以成为笑柄，也多少是一个警告。"隐"就是"谜"，往往和"谐"联系在一起，例如四川人嘲笑麻子：

哈！痘疤，满面花，雨打浮沙，蜜蜂错认家，荔枝核桃苦瓜，满天星斗打落花。

这就是谐隐和文字游戏的结合。讥刺容貌丑陋为谐，以谜语出之为隐,取七层宝塔的形式,一层高一层,见出巧妙地配搭为文字游戏。谐最忌直率,直率不但失去谐趣,而且容易触讳招尤,所以出之以"隐",饰之以文字游戏,就可以冲淡讥刺的一点恶意,而且嵌合巧妙,令人惊喜,产生谐所特有的一种快感。这种快感就是美感。可笑的事物好比现实世界的一池死水偶然皱起微波,打破了沉闷;但它毕竟有些丑陋乖讹,也不免引起轻微的惋惜的不快感,从此也可见美感的复杂性,不易纳到一个公式概念里去。

谐是雅俗共赏的,所以它最富于社会性,托尔斯泰在《艺术论》里特别强调文艺的传染情感的功用,而所传染的情感之中他也指出笑谑,认为它也能密切人与人的关系。刘勰解释谐时说"谐之为言皆也,辞浅会俗,皆悦笑也",这也足说明谐的社会功用。要印证这个道理,最好多听相声。相声是谐的典型,也是雅俗共赏的一种曲艺。因此,在粉碎"四人帮"之后我国文艺重新繁荣的景象首先见之于相声,继侯宝林和郭全宝之后出现了一大批卓越的相声演员。连像我这个专搞理论、一本正经的老学究对一般带理论气味的一本正经的话剧和电影并不太爱看,但每遇到相声专场,我只要抽出空闲就必看,看了总感到精神上舒畅了一下,思想也多少得到了解放,也就是说,从一些偶然机缘中认识到一些人情世态乃至一些关于美和美感的道理。

我从这种文字游戏想到文艺与游戏的关系。过去我是席勒、斯宾塞和格罗斯的信徒，认为文艺起源于游戏说是天经地义。从新中国成立后学习马克思主义以来，我就深信文艺起源于劳动，放弃了文艺起源于游戏的说法。近来我重新研究谐隐与文字游戏，旧思想又有些回潮，觉得游戏说还不可一笔抹杀。想来想去，我认为把文艺看作一种生产劳动是马克思主义者所必须坚持的不可逆转的定论，但在文艺这种生产劳动中游戏也确实是一个极其重要的因素。理由之一就是，马克思和恩格斯都指出的必然要透过偶然而起作用，而偶然机缘在文艺中突出地表现于游戏，特别是在于所谓的"戏剧性的暗讽"。理由之二是劳动与游戏的对立是资本主义社会中劳动异化的结果，到了消除了劳动异化，进入了共产主义时代，一切人的本质活动都会变成自由的、无拘无碍的，劳动与游戏的对立就不复存在。

我对这个问题还没有考虑成熟，不过我感觉到与游戏密切相关的偶然机缘在文艺中的作用这个问题还大有文章可做，而且也很有现实意义。我准备继续研究下去，并且希望爱好文艺和美学的朋友们都来研究一下这个问题，各抒己见，引起讨论，或可以解放一下思想。

我很喜爱漫画师丰子恺老友的两句诗："尝喜小中能见大，还须弦外有余音。"现在就留下"偶然机缘"这个问题请诸位研究,就算是我的弦外余音,留有余不尽之意吧。
再见,祝诸位奋勇前进!

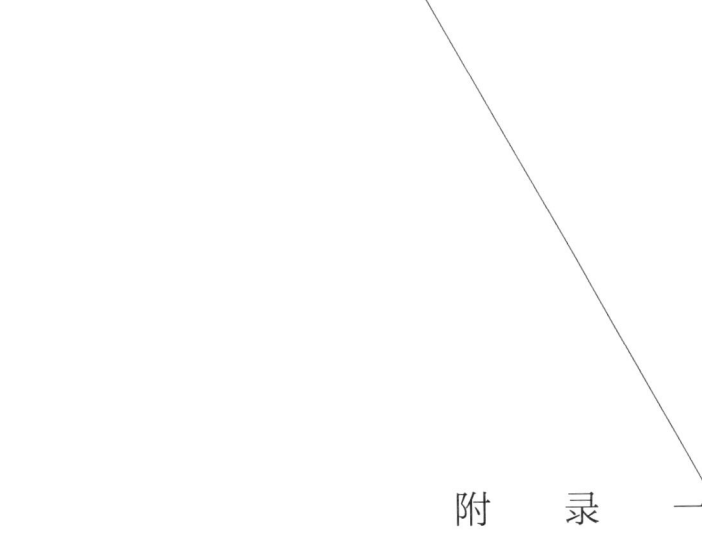

附　录　一

消除烦闷与超脱现实

　　王君光祈在本期"学生生活号"发表的《中国人之生活颠倒》那篇文章，把青年烦闷之最大原因，可算说得透辟极了。不过王君的娓娓动听的文笔很遮盖一些美中不足。人生各时期有各时期的嗜好，要有机会自由发展，免得斫丧生机。这话固然含有至理，但是假使吾人都能及时行乐，不至于有"过时之感"，世间便可以没有烦闷苦恼么？在王君的意见，欧洲人无论男女老幼都及时行乐，所以他们的生活最愉快。但是我们研究欧洲近代文学，似乎觉得欧洲人心窝里也还有许多忧愁愤懑。罗素到中国看见农夫走贩，和寺庙里的罗汉菩萨一样，都满面带着笑容，以为中国人是最能快乐的一个民族，非欧洲人梦想所能及。从这点看起来，各人自己的苦乐，只有各人自己心里晓得。我们不能假定欧洲人没有过时之感，所以就没有烦闷，而推论到烦闷的原因完全由于过时之感，只要及时行乐，便不会有烦闷。

　　理想上可然的事情，没有限制，事实上竟然的事情，就要受环境的因果律支配。欲望跟着理想走,是一件随时伸缩不可餍足的东西,背着太阳走路,影子比身子总要前一步。欲望和行乐的关系,也很像影子和身子。你今天及时行乐吗?你的欲望已跑前一步了。假使明天有机会餍足今天的欲望,后天又有机会餍足明天的欲望,如此辗转下去,有求必应,那么,烦闷自无从发生,王君的原理,自然可以成天经地义。但是世事不尽由人算。实际上我们许多的梦想,到底都石沉云散归于乌有。欲望不餍足,就是失望的代名词;失望又可以说是烦闷的代名词。那么,因为乐到这步田地,望到那步田地,便失望便烦闷;我们可以说,今天行乐便种下明天烦闷的种子。这样凭空说话,人家或者要骂我玄之又玄。现在说一个具体的例子。吃早饭没中饭的穷措大,看见别人食前方丈,便以为到了这步田地,就尽了人生之乐事了。但是他既然狂饮大嚼,看见坐高车驱驷马的人,又想那个人何等阔绰!他自己还没有尝过这种滋味咧!不多会儿,他有马车坐了,又想没有一个很亲爱的很美貌的妻子,人生究竟还没有真正的乐趣。好了,他现在有了妻子了。伉俪间闲情逸致,南面王也不能易其乐呀!可是过了几年,姣且好者变成老而丑了。他又想:"唉!这究竟还不是我的理想的至乐。"以前希望一件就有一件,尚不免有些百无聊赖。倘若希望这件,得不了这件,希望那件，得不了那件，生活不更加枯燥无味，不更加惹人烦闷么？实际上失望比得意似乎较普遍一点。照我们的理想，世界应该不仅是如此如此。然而现实偏偏不由人算，走它自己的路。感情冷淡的人对于这般情景，还不觉得什么无可奈何，至多不过叹口气说："天实为之，于人何尤！"于是就是这样了事。可是在富于感情的人看他们亲爱的梦想都不能实现，便有些儿不服气。现实比冰还冷，比铁还硬，哪管你服气不服气哟！现实越发不如人期望，人生就越发枯燥无味。于是失望，丧气，悲观厌世……都蜂拥而来了。总而言之，烦闷生于不能调和理想和现实的冲突。

少年气盛的人总说："什么烦闷呀，什么调和理想与现实的冲突呀，都是懦夫口里说的话。因为社会黑暗，环境困难，我们才不虚此生。不然，我们生在世间就专为过太平日子么？别的人尽管烦闷，我呢，决不屑失望和悲观。我以为人生任务只有奋斗，奋斗到征服环境为止。"我也是极端主张和环境奋斗的一个小卒，可是我同时也相信环境是极不容易征服的。

你看这一阵和环境奋斗过的人！他们面目上毫无温热气和闪烁的光彩了。或者他们的头脑中也不复有什么高尚的意志和坚强的决心了罢！殷仲堪有一天在园里看见一棵枯树，便深深叹一口气说："此树婆娑，生意尽矣！木犹如

此，人何以堪！"看见没生气的冷冰冰的行尸走肉，怎么不叫人作同样的感想！但是，我们如何能瞧他们不起。十年前他们也和你我一样，也很兴会淋漓地用热心、毅力去干事，也很有百折不挠的气概，不过现在环境把他们征服了罢了。

你再看这一阵和环境奋斗过的人！他们看见世事一天坏似一天，心里虽然不服气，可是心力俱瘁无可如何。个个都在那边愁着眉毛叹气。这个人说："神州莽莽，阴霾四布。流离浩劫，人间何世！"那个人说："皇皇大陆，吾人将于何处觅一片干净土耶！"这个人想，像这样活着，倒不如死，还是把万事丢开，投海去罢。那个人想，世事已不堪问，我姑且寄情于醇酒妇人，借以消愁解闷罢！唉！谁晓得这种悲观哲学消磨了几多有用之才哟！但是，我们且慢些去怜惜。他们十年前也像你我一样，也很抱乐观，也时常说，长夜漫漫，终有时旦，只要精诚贯彻，金石都自然会破裂。不过现在环境把他们征服了罢了。

我们说话论事，一方面要顾及当然，一方面也要顾及可然。就当然说，环境要降服，理想才可以实现。但是环境如何可以征服，我们也不可不注意。许多人起初都发愿要征服环境，何以后来大半反为环境征服？我们自然会说，因为他们的精神不能坚持到底。但是，他们的精神何以不能坚持到底？我们可以说，因为他们的精神不能超脱现实。

一个人如果只能在现实界活动,现实如果顺遂,他自然可以快乐;但是现实如果使他的活动不成功,而他又没有别条路可以去求慰安,他自然要失望悲观。但是,倘若他的精神能够超脱现实,现实的困难当然不能叫他屈服,因为他还可以在精神界求慰安。现实既然不能屈服他的精神,那么,他自然可以坚持到底和环境奋斗了。

　　超脱现实的方法也很多。最普通的要算宗教信仰。现世一切苦恼不用说罢!灵魂不灭,来世的天堂快乐还不晓得有多么可爱。现在不过是时间的太仓一粟。我们撑持肉体活着,是一件极偶然的现象。在这个撑持肉体活着的一顷间,就算有一些儿苦痛,哪值得愁眉蹙额?不错,现世一切奋斗,眼前似乎没有大的效果。但是,我们不必因此失望灰心,我们现在不过是播种子,将来一定有岁物丰成的日子。这些话是极浅近的极普通的宗教信仰。我自己既不是一个教徒,也不敢和打着维护科学招牌的人搬唇舌。不过我很忠实地相信纯粹的宗教对于人类,利害相权,还是利多害少。倘若现世的苦乐不能叫普通人趋善避恶而宗教能够做这件事,为什么宁愿普通人做恶而不愿他们去信仰宗教?假使大家都觉得现世烦恼,假使宗教可以安慰他们的精神,为什么把烦恼的人逼到山穷水尽,不知去向?我也十分相信宗教原来是一种自欺。可是这究竟根于人性,不可免的。心理学家对我们说过,就是通常所谓的理智(rationalization),也大半是自欺的结果,你说宗教靠不住,理智又靠得住么?人类行为大部分都受感情支配。事前并不很揣摩为什么要这样做。事后追维,才找出一些理由来解释庇护自己以往的举动。这种理由和以往举动或毫无关系,不过姑且拉来自宽怀抱罢了。在理论上,吾人生活当全然受理性支配,但是在实际上,吾人生活是不受理性支配的。因为无意识和感情在那儿默化潜移,意识的防范实在鞭长不及马腹。所以想养成道德的习惯,与其锻炼理智,不如陶冶感情。宗教也是一种陶冶感情的工具。宗教何以能陶冶感情呢?<u>感情是一件极活泼的东西,如果不得寄托的处所来自由活动,便会游离不定。感情游离不定,结果就是精神失常,小而烦闷,大而疯癫</u>。宗教的长处,就在能把游离不定的感情引到一个安顿的地方。这种陶淑作用(sublimation),弗洛伊德(Freud)和荣格(Jung)一派的心理学家说得非常透辟,我在这里也无须多话。不过添一句话代宗教辩护:托尔斯泰、甘地一流的人物,如果没有宗教做他们的精神元素,他们的生活决不像那样可爱,那样能感发兴起;希伯来和穆斯林两个民族,如果没有宗教做团结的线索,他们或许已让极艰苦的环境征服了。

这番话谈给科学成见很深的人听,或者不能叫他们相信。那么,他们如果想解除烦闷,就要在美术中寻慰情剂,因为美术也很能使人超脱现实的。美术何以能使人超脱现实呢?一、就创作美术的人说,美术虽借现实做资料,但是对于资料的应用支配,美术家能够本着自己的创造理想,伸缩自由。在现实范围里说话,空中决计不能起楼阁。美术便没有这种限制。所以现实界不能实现的理想,在美术中可以有机会实现。二、就欣赏美术的人说,美术能引起快感,而同时又不会激动进一步的欲望;一方面给心灵以自由活动的机会,一方面又不为实用目的所扰。譬如在实际上看见一个美人,占有欲就蠢蠢欲动。但是看列奥纳多·达·芬奇画的《蒙娜丽莎》,如果曾经受过美术的陶冶,那时心神只像烟笼寒水,迷离恍惚,把世界上一切悲欢苦乐遗忘净尽了,还有什么欲望?我有一次劝一个学数理的朋友偷暇学一点文学,或者他的心绪不像那样干枯烦躁,他说:"写实派文学把黑暗世界越发写得黑暗,读这种文学不叫人更悲观么?"我虽然觉得我生平所经过的极乐心境,是在深夜读含有悲剧元素的文字;但是我那时不能对这位朋友解释这种心理作用,所以我的朋友把我的忠告置之一笑就算了。后来读艾宾浩斯(Ebbinghaus)的《心理学·美术》章,才恍然大悟。吾人生机时时刻刻求活动。生机发泄,感觉愉快;生机抑郁,感觉烦闷。所以遇着悲痛,哭一场就消了劲。生机不一定要在现实界才能发泄,美术也是一个极好的发泄生机的尾闾。在美术中发泄生机,所感的快乐比在现实界还更加纯粹深厚,因为没有实用的目的来滋扰。譬如在现实界看见父子三人都被恶蛇捆绞在一起,心里只有恐惧、哀矜种种的不快之感。可是欣赏希腊著名雕刻《拉奥孔》(Laocoon),这种哀矜、恐惧虽还有若干存在,但是他们都变成愉快的感觉了。这就是因为心里没有实用目的来烦扰。哀矜、恐惧两种感情发泄了,然而心目中没有生死存亡的念头,没有逃脱抵抗的打算,所以虽哀矜、恐惧而还能十分愉快。普通人在饮食、男女、名誉、权利场合中生机受了挫折,便不知道向他方面求发泄,所以抑郁,所以烦闷。谁肯宣传美术的福音来救济这无数在苦海中挣扎的失望者呢?

美术不但可以使人超脱现实,还可以使人在现实界领悟天然之美,消受自在之乐。自然界有多少美致,人生有多少妙趣,在粗心浮气的人看,都忽略过去。经美术家一指点,美就确乎是美,妙就确乎是妙。谁没有看过流水?不过在普通人看,流水只是流水罢了,孔子一看到,便叹气说:"逝者如斯夫,不舍昼夜!"这样一指点,滚滚东流的水便含有无限生机,无限悲感。谁没有看见鸟鹊在树林里度日子?陶渊明看见,便推出一种极乐的人生哲学。"众鸟欣有托，吾亦爱吾庐"两句诗把宇宙写得多么可爱！美术家不但在花明风惠的境界，可以领略鱼跃鸢飞的乐趣，就是在极细微处——甚至在极悲惨处——也能寻出赏心乐事。托尔斯泰是一个最好的例子。在他的《战争与和平》里面，那位彼得在牢狱中饥寒交迫，人生之苦，无不备尝。但是他一天看见天上月明如水，牢狱四围的园林山谷都空漾澄澈，一望无际，他就恍然觉悟人生的至乐，不是环境可以磨灭的。在他的《神在爱所在》那篇小说里，一个极穷苦的鞋匠梦见上帝要到他家里来，从天早候到天晚，只有一个扫雪的苦工来分他房子里的暖气，和一个抱着呱呱哭的孩子的丐妇来分他的几粒豆饭。他就因而觉悟神在爱所在的道理，心里便二十四分地畅快。这不过是偶尔想出来的几个例子。其实我所见到的何及恒河一粒沙哟！我相信人肯受美术陶冶，世界和人生决不至于枯燥无味。烦闷无形消灭，自然不消说了。

除宗教家和美术家以外，最能超脱现实的要算是婴儿。他们高兴起来，就结队搬砖弄瓦呀，捉迷藏呀……玩得不公平，便打一个痛快架，打痛了，便索性哭一场。哭过了，就揩干眼泪，绽开笑脸再去做别的玩意儿。他们天真烂漫，完全趁着一时的兴会做事，绝对不瞻前顾后，所以他们的生活最愉快。人生快乐倘若想完备，一定要保存一点孩子气，这种孩子气应用非常之广。孔子有一天问门下弟子的志愿，许多人都说一些兴邦治国的话。曾点一个人却说："春服既成，冠者五六人，童子六七人，浴乎沂，风乎舞雩，咏而归。"孔子听过，便不迟疑地宣布"吾与点也"。曾点的长处就在能保有一种天真烂漫的孩子气。孔子称许他，或则也因为"大人者，不失其赤子之心"罢。王徽之的故事也是一个好例子。有一晚雪后初晴，月亮照得非常光澈。他忽然想到他的朋友处谈谈心，立刻间他就撑只小船去了。不多会儿到他朋友的门口了，他忽然地又抽身转去。人问他缘故，他说："我乘兴而来，兴尽而返。"何足为奇？像这一流人物才晓得人生在世，怎样才能怡情养性，无沾无碍咧！有些人或者骂这种习惯带着臭名士气，他们也许有他们的高见，不过我想这种天真烂漫无沾无碍的气象倘若不用到过分，实在对于精神的卫生有许多裨益。人的精力无论属于精神方面或者身体方面，都有一个限度。譬如弓弦，拉到满引的时候，倘若不放松一点，怎么可以再加力？纵使再加力，怎么能不崩折？普通人无论何时何地，都一样地认真到底，不能稍稍放肆一点，所以容易倦怠，容易灰心。孩子气的好处就在有时使人偶尔把现实的重载卸在旁边，让心灵偷点空儿休息，好预备再出力。

这三个方法，我个人认为可以超脱现实，解除烦闷。

别人——科学家和哲学家——也许在别的地方寻出超脱现实、解除烦闷的方法，不过我没有经验，不能说话。我和王君光祈的出发点都是给生机以自由活动的机会。不过王君着重的是人生各时期有各时期的嗜好，要随时餍足。所以王君似乎主张生机只可以在现实界活动；如果现实界活动不成功，便使人生烦闷。我的主张是一种补充的办法，我以为生机不仅可以在现实界活动，如果在现实界受了挫折，也不一定使人生烦闷，因为它还可以超脱现实在精神界求慰安。就积极方面说，超脱现实，就是养精蓄锐，为征服环境的预备。就消极方面说，超脱现实，就是消愁遣闷，把乐观、热心、毅力都保持住，不让环境征服。在我国现在的状况之下，谁晓得有多少失望者与悲观者？我很惭愧这篇文章不能把超脱现实的道理说得透彻，使他们感发兴起；但是我很希望享受过精神上的至乐的人多用功夫来宣传超脱现实的福音，来救济众生。

谈读诗与趣味的培养

　　据我的教书经验来说，一般青年都欢喜听故事而不欢喜读诗。记得从前在中学里教英文，讲一篇小说时常有别班的学生来旁听；但是遇着讲诗时，旁听者总是瞟着机会逃出去。就出版界的消息看，诗是一种滞销货。一部大致不差的小说就可以卖钱，印出来之后一年中可以再版三版。但是一部诗集尽管很好，要印行时须得诗人自己掏腰包作印刷费，过了多少年之后，藏书家如果要买它的第一版，也用不着费高价。

　　从此一点，我们可以看出现在一般青年对于文学的趣味还是很低。在欧洲各国，小说固然也比诗畅销，但是不像在中国有这样大的悬殊，并且有时诗的畅销更甚于小说。据去年的统计，法国最畅销的书是波德莱尔的《恶之花》。这是一部诗，而且并不是容易懂的诗。

　　一个人不喜欢诗，何以文学趣味就低下呢？因为一切纯文学都要有诗的特质。一部好小说或是一部好戏剧都要当作一首诗看。<u>诗比别类文学较谨严，较纯粹，较精致。</u>

如果对于诗没有兴趣,对于小说、戏剧、散文学等等的佳妙处也终不免有些隔膜。不爱好诗而爱好小说、戏剧的人们大半在小说和戏剧中只能见到最粗浅的一部分,就是故事。所以他们看小说和戏剧,不问它们的艺术技巧,只求它们里面有有趣的故事。他们最爱读的小说不是描写内心生活或者社会真相的作品,而是《福尔摩斯侦探案》之类的东西。爱好故事本来不是一件坏事,但是如果要真能欣赏文学,我们一定要超过原始的童稚的好奇心,要超过对于《福尔摩斯侦探案》的爱好,<u>去求艺术家对于人生的深刻的观照以及他们传达这种观照的技巧</u>。第一流小说家不尽是会讲故事的人,第一流小说中的故事大半只像枯树搭成的花架,用处只在撑扶住一园锦绣灿烂生气蓬勃的葛藤花卉。这些故事以外的东西就是小说中的诗。<u>读小说只见到故事而没有见到它的诗,就像看到花架而忘记架上的花。</u>要养成纯正的文学趣味,我们最好从读诗入手。能欣赏诗,自然能欣赏小说、戏剧及其他种类的文学。

如果只就故事说,陈鸿的《长恨歌传》未必不如白居易的《长恨歌》或洪昇的《长生殿》;元稹的《会真记》未必不如王实甫的《西厢记》;兰姆(Lamb)的《莎士比亚故事集》未必不如莎士比亚的剧本。但是就文学价值说,《长恨歌》《西厢记》和莎士比亚的剧本都远非它们所根据的或脱胎的散文故事所可比拟。我们读诗，须在《长恨歌》《西厢记》和莎士比亚的剧本之中寻出《长恨歌传》《会真记》和《莎士比亚故事集》之中所寻不出来的东西。举一个很简单的例子来说，比如贾岛的《寻隐者不遇》：

　　松下问童子，言师采药去。
　　只在此山中，云深不知处。

或是崔颢的《长干行》：

　　君家何处住？妾住在横塘。
　　停舟暂借问，或恐是同乡。

　　里面也都有故事，但是这两段故事多么简单平凡！两首诗之所以为诗，并不在这两个故事，而在故事后面的情趣，以及抓住这种简朴而隽永的情趣，用一种恰如其分的简朴而隽永的语言表现出来的艺术本领。这两段故事你和我都会说，这两首诗却非你和我所做得出，虽然从表面看起来，它们是那么容易。读诗就要从此种看来虽似容易而实在不容易做出的地方下功夫，就要学会了解此种地方的佳妙。对于这种佳妙的了解和爱好就是所谓的"趣味"。

各人的天资不同，有些人生来对于诗就感觉到趣味，有些人生来对于诗就丝毫不感觉到趣味，也有些人只对于某一种诗才感觉到趣味。但是趣味是可以培养的。真正的文学教育不在读过多少书和知道一些文学上的理论和史实，而在培养出纯正的趣味。这件事实在不很容易。培养趣味好比开疆辟土，须逐渐把本非我所有的变为我所有的。记得我第一次读外国诗，所读的是《古舟子咏》，简直不明白那位老船夫因射杀海鸟而受天谴的故事有什么好处，现在回想起来，这种蒙昧真是可笑，但是在当时我实在不觉到这诗有趣味。后来明白作者在意象、音调和奇思幻想上所做的功夫，才觉得这真是一首可爱的杰作。这一点觉悟对于我便是一层进益，而我对于这首诗所觉到的趣味也就是我所征服的新领土。我学西方诗是从19世纪浪漫派诗人入手，从前只觉得这派诗有趣味，讨厌前一个时期的假古典派的作品，不了解法国象征派和现代英国的诗；对它们逐渐感到趣味，又觉得我从前所爱好的浪漫派诗有好些毛病，对于它们的爱好不免淡薄了许多。我又回头看看假古典派的作品，逐渐明白作者的环境立场和用意，觉得它们也有不可抹杀处，对于它们的嫌恶也不免减少了许多。在这种变迁中我又征服了许多新领土，对于已得的领土也比从前认识较清楚。对于中国诗我也经过了同样的变迁。最初我由爱好唐诗而看轻宋诗,后来我又由爱好魏晋诗而看轻唐诗。现在觉得各朝诗都各有特点,我们不能以衡量魏晋诗的标准去衡量唐诗和宋诗。它们代表几种不同的趣味,我们不必强求其同。

对于某一种诗,从不能欣赏到能欣赏,是一种新收获;从偏嗜到和他种诗参观互较而重新加以公平的估价,是对于已征服的领土筑了一层更坚固的壁垒。学文学的人们的最坏的脾气是坐井观天,依傍一家门户,对于口味不合的作品一概藐视。这种人不但是近视,在趣味方面不能有进展;就连他们自己所偏嗜的也很难真正地了解欣赏,因为他们缺乏比较资料和真确观照所应有的透视距离。文艺上的纯正的趣味必定是广博的趣味;不能同时欣赏许多派别诗的佳妙,就不能充分地真确地欣赏任何一派诗的佳妙。趣味很少生来就广博,好比开疆辟土,要不厌弃荒原瘠壤,一分一寸地逐渐向外伸张。

趣味是对于生命的彻悟和留恋,生命时时刻刻都在进展和创化,趣味也就要时时刻刻在进展和创化。水停蓄不流便腐化,趣味也是如此。从前私塾冬烘学究以为天下之美尽在八股文、试帖、《古文观止》和了凡《纲鉴》(《了凡四训》)。他们对于这些乌烟瘴气何尝不津津有味?这算是文学的趣味么?习惯的势力之大往往不是我们能想象

的。我们每个人多少都有几分冬烘学究气,都把自己囿在习惯所画成的狭小圈套中,对于这个圈套以外的世界都视而不见,听而不闻。沉溺于风花雪月者以为只有风花雪月中才有诗,沉溺于爱情者以为只有爱情中才有诗,沉溺于阶级意识者以为只有阶级意识中才有诗。风花雪月本来都是好东西,可是这四个字联在一起,引起多么俗滥的联想!联想到许多吟风弄月的滥调,多么令人作呕!"神圣的爱情""伟大的阶级意识"之类大概也有一天都归于风花雪月之列吧?这些东西本来是佳丽,是神圣,是伟大,一旦变成冬烘学究所赞叹的对象,就不免成了八股文和试帖诗。道理是很简单的,艺术和欣赏艺术的趣味都必须有创造性,都必须时时刻刻在开发新境界,如果让你的趣味囿在一个狭小的圈套里,它无机会可创造开发,自然会僵死,会腐化。一种艺术变成僵死、腐化的趣味的寄生之所,它怎能有进展开发?怎能不随之僵死腐化!

艺术和欣赏艺术的趣味都与滥调是死对头。但是每件东西都容易变成滥调,因为每件东西和你熟悉之后,都容易在你的心理上养成习惯反应。像一切其他的艺术一样,诗要说的话都必定是新鲜的。但是世间哪里有许多新鲜话可说?有些人因此替诗危惧,以为关于风花雪月、爱情、阶级意识等等的话或都已被人说完,或将有被人说完的一日，那一日恐怕就是诗的末日了。抱这种顾虑的人们根本没有了解诗究竟是怎么一回事。诗的疆土是开发不尽的，因为宇宙生命时时刻刻在变动进展中，这种变动进展的过程中每一时每一境都是个别的，新鲜的，有趣的。所谓"诗"并无深文奥义，它只是在人生世相中见出某一点特别新鲜有趣而把它描绘出来。这句话中"见"字最吃紧。特别新鲜有趣的东西本来在那里，我们不容易"见"着，因为我们的习惯蒙蔽住我们的眼睛。我们如果沉溺于风花雪月，也就见不着阶级意识中的诗；我们如果沉溺于柴米油盐，也就见不着风花雪月中的诗。谁没有看见过在田里收获的农夫农妇？但是谁——除非是米勒（Millet）、陶渊明、华兹华斯（Wordsworth）——在这中间见着新鲜有趣的诗？诗人的本领就在见出常人之所不能见，读诗的妙处也就在随着诗人所指点的方向，见出我们所不能见；这就是说，觉得我们所素认为平凡的实在新鲜有趣。我们本来不觉得乡村生活中有诗，从读过陶渊明、华兹华斯诸人的作品之后，便觉得它有诗；我们本来不觉得城市生活和工商业文化之中有诗，从读过美国近代小说和俄国现代诗之后，便觉得它也有诗。莎士比亚教会我们在罪孽灾祸中见出庄严伟大，伦勃朗（Rembrandt）和罗丹（Rodin）教会我们在丑陋中见出新奇。<u>诗人和艺术家的眼睛是点铁成金的眼睛。</u>生命生生不息，他们的发现也生生不息。如果生命有末日，诗总会有末日。到了生命的末日，我们自无容顾虑到诗是否还存在。但是有生命而无诗的人虽未到诗的末日，实在是早已到生命的末日了，那真是一件最可悲哀的事。"哀莫大于心死"，所谓"心死"就是对于人生世相失去解悟和留恋，就是对于诗无兴趣。读诗的功用不仅在消愁遣闷，不仅是替有闲阶级添一件奢侈；它在使人到处都可以觉到人生世相新鲜有趣，到处可以吸收维持生命和拓展生命的活力。

　　诗是培养趣味的最好的媒介，能欣赏诗的人们不但对于其他种种文学可有真确的了解，而且也绝不会觉得人生是一件干枯的东西。

人文方面几类应读的书

百川先生：

　　暑中我因校事赴成都，最近回校才看到中周社转来黄梅先生的信，提议要我开一个为获得现代公民常识所必读的书籍目录。这很使我为难，一则我目前极忙，没有功夫仔细斟酌；二则我所学的偏重人文方面，对于社会科学和自然科学都是外行。<u>读书不是一件死板的事，一个方单不能施诸人人而有效。</u>各人的环境、天资、修养和兴趣都不能一笔抹杀。一个人在读书方面想有成就，明眼人的指导固大有裨益，自己的暗中摸索有时也不可少，因为失败的教训往往大于成功的。读者既然要求一个目录，我姑且就我的能力所及，随便谈谈几类应读的书籍，不过要特别声明：这是我个人的意见，只能供参考，不敢希望每个人都依照。

　　第一，我以为一个人第一件应该明确的是他本国的文化演进、社会变迁以及学术思想和文艺的成就。这并不一定是出于执古守旧的动机。要前进必从一个基点出发，而一个民族以往的成就即是它前进出发的基点。知道它的长处所在和短处所在，我们才能知道哪些东西应发挥光大，哪些应弥补改革，也才能知道它在全人类文化中占何等位置，而我们自己如何对它有所贡献。我不是一个学历史者，但对于过去一切典籍，喜欢从历史的眼光去看。从前人有"六经皆史"的说法，其实不只是六经，一切典籍所载都可以当作史迹看。史迹是人类活动进展的轨迹，它的功用在观今鉴古，继往以开来。我赞成多读中国古典和西方古典，都是根据这个观点。每种学问都有一个渊源，知道渊源才可以梳理流派。知道渊源固不是三五部书所可了事，但是渊源又有渊源，我们先从最基本的着手，然后逐渐扩充，便不至于没有根底。

　　回到了解中国固有文化的问题，中国向来传统教育所着重的大政并不错。中国中心思想无疑的是儒家，而儒家的渊源的渊源在《论语》《孟子》和"五经"。无论从思想或是从艺术的观点看，《论语》都是一部绝妙的书，可以终生咀嚼，学用不尽的。我从前很欢喜《世说新语》，为的是它所写的魏晋人风度和所载的隽词妙语。近来以风度、语言的标准去看《论语》，觉得以《世说新语》较《论语》，真是小巫见大巫。《孟子》比较是要偏锋，露棱角，但是说理文之犀利痛快、明白晓畅，后来却没有人能赶得上。"五经"之中，流品不齐，《书经》是最古的政治史料，《易经》

是最古的解释自然的企图，《诗经》为中国纯文学之祖，《春秋》为中国编年史之祖，《礼记》较晚出，内容颇驳杂，但是儒家思想见于此经者反比他经为多，其中如《檀弓》《学记》《乐记》《儒行》《礼运》《大学》《中庸》诸篇，妙文至理，是任何读书人不应放过的。诸子之中，老、庄、墨家最重要，次可略览《韩非子》《列子》《淮南子》及《吕氏春秋》。读先秦典籍不可不略通文字训诂，段玉裁的《说文解字注》最便于初学，王引之的《经传释词》颇有科学条理，亦可看。要明白中国思想演进，佛典及宋、元、明理学都不可忽略，可惜我对此毫无研究，不敢多舌。我只能说，在佛典中我很爱读《六祖坛经》和《楞严经》，这也许是文人积习。在理学书籍中我觉得《近思录》和《传习录》很简便。史籍最浩繁，一般人可选读前四史，全读《资治通鉴》，遇重大事件翻阅《通鉴纪事本末》，遇重大问题翻阅"三通"。治一切学问都不可不明白史的背景，可惜我们至今没有一部完善的通俗的通史，近人张荫麟、钱穆诸君所编的各有特见，但都只能算是草创。文艺方面除了《楚辞》及陶、杜诸集外，一般人可从选本入手。选本甚多，选者各有偏重，难得尽如人意。梁以前作品俱见于《昭明文选》，这是选学之祖，诗文兼收，为治辞章者所必读。后来选本比较适用的，文推姚姬传的《古文辞类纂》；诗推王渔洋的《古今诗选》、

王壬秋的《八代诗选》、沈归愚的《古诗源》和《唐宋诗醇》、曾国藩的《十八家诗钞》；词推《花间集》、张惠言的《词选》和朱疆邨的《宋词三百首》；曲读《西厢记》《琵琶记》《桃花扇》及其他数种；小说读《水浒传》《红楼梦》及其他数种，对于一般人也就可知其梗概了。

在现代，一个人如果只读中国书，他的见解难免褊狭固陋，而且就是中国书也不一定能读得好。学术和其他事物一样，必以比较见优劣，必得新刺激才可产生新生命。读书人最低限度须通一个外国文，从翻译中窥外人文物思想，总难免隔靴搔痒，尤其是在现在我们的译品太少，而且大半不很可靠。

要明了一个文化，大约不外乎取两种程序。拿绘画来打比，或是先绘一个轮廓，然后点染枝节，由粗疏逐渐到细密；或是先累积枝节，逐渐造成一个轮廓，由日就月将而达到豁然贯通。这两种程序可以并行不悖，普通学者大半兼采这两个方法。治西方文史，为一般人说法，我主张偏重第一个方法。因为从枝节架轮廓，需要很长久的耐苦，如果枝节不够充实，所架成的轮廓也就一定不端正恰当。我们一般人对于西方文史所能花费的时间精力是有限的，想明白西方文化的轮廓，我们最好先读几部较好的历史。我们所感觉困难的是较好的历史大半是专史而不是通史。

从史学观点看，韦尔斯的《世界史纲》（有中译本）也许不很完善，但对于一般人却是一部好书。关于近代的，费雪（Fischer）的《欧洲通史》值得特别介绍。如果再求详尽精确，读者可参考拉维斯（Lavisse）的通史（法文）和剑桥大学的中世纪和近代欧洲史。这都是权威著作，有很好的史籍目录可供采择。有时候小册子也很有用，比如谈古代欧洲的，像 Livingstone：*GreekGenlus and lts Meaning to Us*；Lowes Dickenson：*Greek View of Life*；Warde-Fowler：*City-state in Greece and Rome*，都非常好。

欧洲文化，大概地说，有三个重要来源：一是希腊的，科学哲学的思想和文艺作品都是后来的模范；一是希伯来的，宗教信仰大半是它的贡献；一是条顿的，继承希腊精神而发挥为近代科学与工商业文化。在这三个成分中，希腊文化最重要也最难了解，它的内容太丰富而且它离我们也太久远。我们最好先从文艺入手。希腊人最擅长的是造型艺术，雕刻尤其精妙，图画建筑和陶器次之。读者最好择一部希腊艺术史，仔细玩味原迹的照片或图形。从这中间他可领略一些希腊人的生活风味。再进一步他就应该读《荷马史诗》，希腊的社会人情风俗及人生理想可于此窥见一斑，再加上几部悲剧代表作，对于希腊人的印象就更明了了。在思想方面，柏拉图的《对话集》最好能全读，至少也应读《理想国》,这是用对话体写的。从古到今,没有一个哲学家能像柏拉图那样面面俱到,深入浅出,用极寻常而优美的文字传达极深奥的道理。要做一个循规蹈矩的哲学家,读柏拉图是最好的门径,要引起一点哲学的兴趣,训练一点哲学的头脑,读柏拉图也比读任何其他哲学家强。亚里士多德比较干枯,但是很谨严细密,能把他的《伦理学》看一遍也很好。此外,我们可读晚出的普鲁塔克的《希腊罗马名人传》(《比较列传》)。这是拿罗马伟人和希腊伟人对照的传记,可以见出那时代人物的生活和风格。罗马时代的著作无甚特创,不是专习文学、哲学的人就把它完全丢开也无大妨碍。

希伯来的经典流行的只有一部《圣经》。这部书在西方的影响大概超过任何一部书之上。它分《旧约》《新约》两部分。《旧约》是犹太教的经典,大部分是犹太的历史和宗教家的训词。《新约》记耶稣生平言行及耶稣教传播的经过。一般人对《圣经》不必全读,《旧约》中读《创世记》《出埃及记》《约伯传》《颂诗》数篇,《新约》中读任何一个《福音》也就够了。

中世纪常被人误认为"黑暗贫乏",其实中世纪民众的艺术,如雕刻、建筑、图画、诗歌、传奇之类,是很光华灿烂的。读者可择看一部较详尽的艺术史(如 Michet 所著的），读一两部传奇（如《罗兰之歌》《亚瑟王传》之类），再加上一两部耶教大师的著作（如《圣奥古斯丁自传》之类），对于中世纪人的丰富的内心生活便可知其梗概。但丁是文艺复兴初期的大师，他的《神曲》不可不读。较软性的读物有薄伽丘的《十日谈》和塞万提斯的《堂吉诃德》。文艺复兴时期最具体的成就仍在造型艺术，读者可看瓦萨里（Vasari）的《艺人传》《意大利艺苑名人传》和Beransen 的《意大利画》。

近代欧洲学术分野逐渐细密，著述也更浩繁，我们很不容易介绍几部书来代表一个时代。在思想方面，卢梭的影响最大，他的《自传》(《忏悔录》) 和《民约论》(《社会契约论》) 是了解近代欧洲的一把钥匙。正统派哲学家自然要推康德和他们的唯心派的继承人。但是他们的作品大半难读，一般读者如能去硬啃康德的《纯粹理性批判》和黑格尔的《逻辑学》固然顶好，否则看一两部较好的哲学史也可略见一斑，通行的有罗杰斯（Rogers）、薛蕾（Thilly）、韦伯（Weber）、文德尔班（Windelband）所著的都可用。在文艺方面，各国都有特殊的造诣，一般读者要想面面俱到，实不可能，只能就他们所懂的文字和兴趣所偏重的去下功夫。那就成了专门学问，我们不能在这里介绍书目。我们为一般人说法，只能介绍几位登峰造极的作者，比如说，

一个普通读者如能就莎士比亚的剧本，莫里哀的喜剧，歌德的诗文集，易卜生的剧本，屠格涅夫、托尔斯泰、陀思妥耶夫斯基诸人的小说集中各选读三数种，也就很可观了。

社会科学和自然科学非本文范围所及。但有几部虽为科学专著而已成经典的书籍不能不约略提及，例如达尔文的《物种源始》《物种起源》，亚当·斯密的《原富》《国富论》，穆勒的《群己权界论》，里波、詹姆斯和弗洛伊德的心理学著作，马克思的《资本论》，佛来柔的《金牛》（Frager：*Golden Bough*），都有很广泛的读者，并不限于专门家。

本文匆匆写就，可议的地方自知甚多。但是我相信，如果读者将这寥寥数十部书仔细读过，他对于人类文化的了解不会很错误。我希望关于社会科学和自然科学的书籍另有知道清楚的人去拟一个目录。

如果你觉得这信对于读者有若干帮助，即请借贵刊披露，并以答黄梅先生。

知识的有机化

　　我们应该把自己的知识加以有机化,这就是说,要使它像一株花、一只鸟或是一个人,成为一种活的东西。

　　一种活的小东西就是一种有机体,有机体有三个大特征:

　　第一,有机体的全体和部分融会贯通,有共同生命流注其中,彼此息息相关,牵其一即动其余。人体是最好的实例,每一器官,如呼吸、循环、消化等等,都自成一系统,各系统又组合成一大系统,掌生命所借以维持的各种机能。人体的健康的发展需要各系统都健旺,某一部分有病,其余各部分都要受影响。有机体在西文叫作organism,和"器官"organ与"组织"organisation同根,我们可以说,有机体能成为有机体,就因为各器官有组织。有组织才有条理,有生命。

　　第二,有机体的生长是化学的化合而非物理学的混合,是由于吸收融化而非由于堆砌。把破铜烂铁塞进口袋里去,尽管塞得多,铜仍然是铜,铁仍然是铁,丝毫不变本质。

食料到了肚皮里去，如果也这样不变质，就决不能产生生命所借以维持的血液。食料要成血液，必须经过消化作用。所谓"消化"就是把本来不是自己的东西变成自己的，把异体变成本体。本体因吸收融化异体而扩大起来，这就是"生长"。

第三，每个有机体都有它所特有的个性，两个有生命的东西不能完全是一样。这是由于生长的出发点（得于遗传的）不同，可吸收的滋养料（得于环境的）不同，利用遗传与环境的组织力也不同。因为自己的组织力也是生长的一个要素，所以有机体的生长不完全是被动的而同时是主动的，不完全是因袭的而同时是创造的。每一种有生命的东西都多少是它自己的造化主。

有机体的这三大特征也就是学问的特征。

第一，学问不是学问，如果它不是一种完整的生命，用普通话来说，如果它没有"组织"，不成"系统"。

其次，学问不是学问，如果它的生长不借消化而借堆砌，不能把异体变为己体。这就是说，不能从外面吸收来的知识纳进原有的系统里去，使新来的与原有的结成一个有生命的整体。

第三，学问不是学问，如果它在你心里完全和在我心里一样，没有个性。没有个性也没有生命，原因在于没有经过自己的组织和创造。

　　一切学问的对象都不外是事物的关系条理。关系条理本来存在事物中间,因为繁复所以显得错乱,表面所呈现的常不是实际所蕴含的。我们的蒙昧就起于置身繁复的事物中,迷于表面的错乱而不能见出底蕴,眼花缭乱,不知所措。学问——无论是科学、哲学,或是文艺——就在探求事物的内在的关系条理。这探求的企图不外是要回答"何"(what)、"如何"(how)、"为何"(why)三大类问题。回答"何"的问题要搜集事实和认清事实,回答"如何"的问题要由认清事实而形容事实,回答"为何"的问题要解释事实。这三种问题都解决了,事物就现出关系条理,在我们的心中就成立了一个完整的系统。比如说植物学,第一步要研究所搜集来的标本;第二步要分门别类,确定形态和发展上的特性;第三步就要解释这些特性所由来,指出它们的前因后果。第三步功夫做到了,我们对于植物学才有一个完整的观念,对于植物的事实不但能认识,而且能了解。这种认识和了解在我们的心里就像一株花的幼芽,有它的生命,有它的个性,可以顺应有机体的原则逐渐生长。以后我们发现一个新标本,就可以隶属到某一门类里去;遇到一个新现象,就可以归纳到某一条原理里去;如果已有的门类和原理不能容,也可以另辟一门类,另立一原理。这就犹如幼

芽吸收养料，化异体为己体，助长它的生长，一切知识的扩充都须遵照这个程序。

　　学问的生长是有机体的生长，必须有一个种子或幼芽作出发点，这种子或幼芽好比一块磁石，与它同气类的东西自然会附丽上去。联想是记忆的基本原则，所以知识也须攀亲结友。一种新来的知识好比一位新客走进一个社会，里面熟人愈多，关系愈复杂，牵涉愈广，他的地位也就愈稳固。如果他进去之后，不能同任何人发生关系，他就变成众所同弃的人，决不能久安其位，或是尽量发挥他的能力，有所作为。比如说，我丝毫不懂化学，只记得 H_2O 化合成水一个孤零零的事实，它对于我就不能有什么意义，或是发生什么作用，就因为它不能和我所有的知识发生密切关系。孤零零的片段事实在脑里不易久住，纵使勉强把它记牢，也发生不了作用。我们日常所见所闻的事物不计其数，但是大半如云烟过眼，因为不能与心中已有的知识系统发生关系，就不能被吸收融化，成为有生命的东西存在心里。许多人不明白这道理，做学问只求强记片段的事实，不能加以系统化或有机化，这种人，在学问上永不会成功。我常看见学英文的人埋头读字典，把字典里的单词从头记到尾，每一个词他都记得，可是没有一个词他会用。这是一种最笨拙的方法。他不知道字典里零星的单词是从活的语文（话语和文章）中宰割下来的，失去了它们在活的语文中与其他词义的关系，也就失去了生命，在脑里也就不容易"活"。所以学外国文，与其记单词，不如记整句，记整句又不如记整段整篇，整句整段整篇是有生命的组织。学外国文如此，学其他一切学问也是如此。我们必须使所得的知识具有组织，有关系条理，有系统，有生命。

一个人的知识有了组织和生命，就必有个性。举一浅例来说，十个人同看一棵树，叫他们各写一文或作一画，十个人就会产生十样不同的作品。这就显得同一棵树在十人心中产生十样不同的印象。每个人所得印象各成为一种系统，一种有机体，各有它的个性。原因是各人的性情、资禀、学问不同，观念不同，吸收那棵树的形色情调来组织它的印象也就自然不同，正犹如两人同吃一样菜所生的效果不能完全相同是一样道理。知识必具有个性，才配说是"自己的"。假如你把一部书从头到尾如石块一样塞进脑里去，没有把它变成你自己的，你至多也只能和那部书的刻板文字或留声机片上的浪纹差不多，它不能影响你的生命，因为它在你脑里没有成为一种生命。凡是学问都不能完全是因袭的，它必须经过组织，必须经过创造，这就是说，它必须有几分艺术性。

做学问第一件要事是把知识系统化，有机化，个性化。

这种工作的程序大要有两种，姑拿绘画来打比，治一种学问就好比画一幅画。画一幅画，我们可以先粗枝大叶地画一个轮廓，然后把口鼻眉目等具体的一件一件画起，画完了，轮廓自然现出。比如学历史，我们先学通史，把历史大势作一鸟瞰，然后再学断代史、政治史、经济史等等专史。这是由轮廓而具体。反之，我们也可以先学断代史、政治史、经济史等等，等到这些专史都明白了，我们对于历史全体也自然可以得到一个更精确的印象。这是由具体而轮廓。一般人都以为由通而专是正当的程序，其实不能通未必能专，固是事实；不能专要想真能通，也是梦想。许多历史学者专从政治变迁着眼，对于文学、哲学、宗教、艺术种种文化要素都很茫然，他们对于历史所得的轮廓决不能完密正确。

就事实说，在我们的学习中，这两种貌似相反的程序——由轮廓而具体，由具体而轮廓——常轮流并用。先画了轮廓，具体内容就不至于泛滥无归宿，轮廓是纲，纲可以领目，犹如架屋竖柱，才可以上梁盖瓦。但是无具体内容的轮廓都不免粗疏空洞，填具体内容时往往会发现某一点不平衡，某一点不正确，须把它变动才能稳妥。具体内容填成的轮廓才是明晰而正确的轮廓。做学问有如做文章，动笔时不能没有纲要，但是思想随机触动，新意思常涌现，原定的意思或露破绽，先后轻重的次第或须重新调整，到文章写成时全文所显出的纲要和原来拟定的往往有出入。文章不是机械而是自由生发的，学问也是如此。内容常在变迁，轮廓也就随之变迁，这并行的变迁就是学问的生长。到了最后，"表里精粗无不到，然后一旦豁然贯通"，学问才达到了成熟的境界。

　　心中已有的知识系统对于未知而相关的知识具有吸引性，通常所谓的"兴趣"就是心中已有的知识萌芽遇到相关的知识而要去吸收它，和它发生联络。兴趣也可以说是"注意的方向"，我们常偏向某一方向注意，就由于那一个方向易引起兴趣。这就是说，那一方向的事物在我们的心里有至亲好友，进来时特别受欢迎，它们走的路（神经径）也是我走过的路，抵抗力较低。自己作诗的人爱看别人的诗，诗在他的脑里常活跃求同伴；做生意的人终日在打算盘，心里没有诗的种子，所以无吸收滋养的要求，对诗就毫不发生兴趣，这道理是很浅而易见的。做学问最要紧的是对于所学的东西发生兴趣，要有兴趣就必须在心里先下种子，已有的知识系统就是一种种子。但是这种种子是后天的，必须有先天的好奇心或求知欲来鼓动它，它才活跃求生长。所谓的"好奇""求知"就是遇到有问题的东西，不甘蒙昧，要设法了解它。因此，已有的知识系统不能成为可生长的种子，除非它里面含有许多问题。问题就是上文所说的"注意的方向"或"兴趣的中心"。我们在上面曾说过，一切学问都不外乎要求解答"何""如何""为何"三大类问题。一种知识如果不是问题的回答就不能成为学问，问题得到回答，学问才算是"生长"了一点。我们说"知识的有机化"，其实也就是"知识的问题化"。我们做学问，一方面要使有问题的东西变为没有问题，一方面也要使好像没有问题的东西变为有问题。问题无穷，发现无穷，兴趣也就无穷。世间没有一种没有问题的学问，如果有一种学问到了真正没有问题时（这是难以想象的）它就不能再生长，须枯竭以至于老死了。

　　这番话的用意是在说明无论学哪一门学问，心中必须悬若干问题，问题才真正是学问生长的萌芽。有了问题就有了兴趣，下功夫也就有了目的，不至于泛滥无归宿。比如说，我心中有"个性是否全由于遗传和环境两种影响？"这个问题，我无论是看生物学、心理学、史学或哲学的书籍，就时时留心替这问题搜集事实，搜集前人的学说，以各自求答案。我们看的许多零零碎碎的东西就可以借这问题联络贯穿起来，成为一种系统。这只是一例，一个人自然可以在心中同时悬许多问题，问题与问题之间往往有联络贯穿。

心中有了问题,往往须悬得很久,才可以找到一个答案。在设问题与得答案两起讫点之间,我们须做许多工作,如看书、实地观察、做实验、思索、设假定的答案等等。我们记忆有限,不能把所得的有关的知识全装在脑子里,就必须做笔记卡片,做笔记卡片时我们就已经在做整理的工作,因为笔记卡片不是垃圾箱,把所拾得的东西混在一起装进去,它必须有问题,有条理,如同动植物和矿物的标本室一样。

做研究工作的人必须养成记笔记做卡片的习惯。我个人虽曾经几次试过这个方法,可是没有恒心,没有能把它养成习惯,至今还引以为憾。但是我另有一个习惯,就是常做文章。看过一部书,我喜欢就那部书做篇文章;研究一个问题,我喜欢就那问题做篇文章;心里偶然想到一点道理,也就马上把它写出。我发现这是整理知识与整理思想的最好方法。比如看一部书,自以为懂了,可是到要拿笔撮要或加批评时,就会发现对于那部书的知识还是模糊隐约,对于那部书的见解还是不甚公平正确,一提笔写,就逼得你把它看仔细一点,认清楚一点。不仅于此,我生性善忘,今天看的书明天就会杳无踪影,我就写一篇文章,加一番整理,才能把它变成自己的,也才能把它记得牢固一点。再比如思索一个问题,尽管四面八方俱到,而思想

总是游离不定的,条理层次不很谨严的,等到把它写下来,才会发现原来以为说得通的话说不通,原来似乎相融洽的见解实在冲突,原来像是井井有条的思路实在还很紊乱错杂,总之,破绽百出。破绽在心里常被幻觉迷惑住了,写在纸上就瞒过自己瞒不过别人,我们必须费比较谨慎的思考与衡量,并且也必须把所有的意思加以选择、整理,安排成为一种有生命的有机体。我已养成一种习惯:知识要借写作才能明确化,思想要借写作才能谨严化,知识和思想都要借写作才能系统化、有机化。

  我也是从写作的经验中才认出学问必是一种有机体。在匆忙中把这一点意思写出,不知道把这道理说清楚没有。如果初学者明了这一点意思,这对于他们也许有若干帮助。

音乐与教育

　　柏拉图写过一个长篇对话，叫作《理想国》，讨论理想的政治和教育。他知道要一个国家的政治合于理想，先要使它的教育合于理想，所以他费了大半篇幅谈理想国的统治阶级应该受什么样一种训练。他所定的课程异常简单。一个人在二十岁以前只消有两种教育工具：一是体操，一是音乐。至于我们现在学校里的许多功课，像史地、理化、数学、社会科学、哲学、外国文学之类，他或是完全不讲，或是摆在二十岁以后的课程里。他的教育主张，在现代人看来，像很奇怪。可是如果你丢开成见，细心去想一想，你也许会佩服希腊人的思想和他们的艺术一样，简单虽然简单，深刻却是深刻。体操讲究好了，身体可以健全；音乐讲究好了，心灵可以和谐。身心两方面都达到理想的状态，还愁有什么学不好或是做不好？身心是基本，我们近代人基本不注意，只在一些肤浅的知识上做功夫，反自以为聪明。许多祸害似都由此起，我们急需回头猛醒。

　　我在另一篇文章里已谈过体育的重要，现在专谈音乐。

音乐是一种最原始最普遍的艺术。飞禽走兽大半都欢喜歌唱,在歌唱中,它们表现生命的富裕和欢乐,同时,它们借歌舞把在生活中所领略得的乐趣传给同类,引起交感共鸣。歌唱在一般动物社会中是一种团结的原动力,它们没有文化传统和制度组织,但是它们一呼百应,一唱百和,全靠这一点声音上的感通。人类在原始阶段也还保持着这本能的音乐嗜好,没有一个原始民族不欢喜歌舞。小孩在个人生命史上相当于原始民族在种族生命史上,欢喜歌舞仍然是天性。人类到了开化以后,小孩到了成年以后,往往逐渐丧失音乐的嗜好,高兴时不放开嗓子唱一曲歌,颓唐时也不拿一种乐器来弹奏一番,哀乐全闷在心里,而且一个人关起来纳闷,生气因之萧索,同情也因之冷淡。这是一个极严重的损失,而且是违反自然本性的。对于这种现象的造成,教育家们要负一大部分责任,他们丢开了人类一个最强烈的本能、一个最有力的教育工具不去利用。假如他们知道利用,音乐的力量要超出任何学问训练之上。

何以故呢?音乐不仅是最原始最普遍的艺术,而且是最完美的艺术,可以普及深入一般民众,从根本上陶冶人的性格。在其他艺术,实质与形式多少可以分别出来,了解实质与了解形式可以分为两事;音乐却完全融化实质与形式的分别,实质即形式,形式亦即实质,内外一致,天衣无缝。所以音乐达到了艺术的最高理想。如果美育是教育中一项要目，美育的最好工具就应该是音乐。音乐虽是顶完美的，却不能算是最困难的艺术。叔本华说得最清楚，一般艺术都须借意象来表现，例如文学所用的语文意义，图画所用的形色光影，音乐则为意志的直接外射，用不着凭借意象。所以了解其他艺术，我们须假道于理智，比如说，不懂得语文意义，就无从了解文学；音乐则表现最直接，感动也最直接，我们接受声音的刺激，生理上马上就起反应，用不着理智的分析。中国人不一定能了解外国的文学，但是多少可以受外国音乐的感动，因为没有语言的障碍。小孩子和乡下文盲尽管不能读书明理，也多少可以欣赏成年人和音乐家的唱歌奏乐，因为没有知识经验的障碍。音乐是纯从感官打动人心的，耳里听到，心里就起哀乐共鸣。这件事实可以解释音乐的普及性，也可以解释它的深入性。如果要教育的力量普及而又深入，除音乐还有什么其他途径呢？

音乐对于人生至少有三项重大功用。

第一是表现。情感思想都需要发扬宣泄。我们都知道在欢喜时大笑一场，在悲哀时痛哭一场，是一件畅快事。严守一个秘密，心里才感觉不舒服；尤其是感情不能压抑，压抑便引起冲突和苦痛。依近代心理学看，许多精神病都是情感不得宣泄的结果,表现在生气的洋溢。一个人或一个民族到了不需要艺术的表现时,那只有两种可能:一是生气萎竭,一是生气受不了自然的歪曲,向不正常不健康的路途发泄。所以给生气以正常的健康的表现,也就是培养生气。音乐的表现是最正常的健康的表现,因为它是人类的普遍的嗜好,而同时它的命脉在和谐。亚里士多德在《政治学》里谈到古希腊人用一种音乐医精神病。有一种癫狂病,医治的方法是叫病人听一种音乐,听了几回他的情感上的脓包消了,病就自然好了。亚里士多德把音乐的这种功能叫作 katharsis,这个词含有"发散"和"净化"两个意义。音乐对于人的情感不仅能"发散"而且能"净化",就因为它本身是和谐,对于人的心灵自然能产生和谐的影响。我们有听音乐经验的人都知道在凝神静听之后,全体筋肉脉搏都经过一番和谐的震荡,心灵仿佛在困倦之后洗过一回澡,汗垢尽去,血液畅通,有心旷神怡之乐。如果我们不仅是欣赏,自己能歌唱弹奏,除了这种生气洋溢的乐趣以外,我们还可以得到人生最大的快慰,成就一种作品的感觉。我们创造了一个可欣赏的世界,替人类开辟了一种愉悦的泉源,意识到这种力量,就如同创世主在第七天的神情。人能多尝这种创造的快慰,人生便显得华严,而人的品格也就自然会高贵。

其次是感动。音乐直接打动感官，引起生理上的反应，所以对人的影响最普及而深入。这道理在上文已说过。中西神话和历史上都有不少的关于音乐感动力的传说。城市有借音乐造成的，也有借音乐毁倒的；胜仗有用音乐打来的，重围有用音乐解去的；美人有借音乐取得的，深交有因音乐结成的；名著有从音乐引起思致的，至道有借音乐证成的。瓠巴鼓琴，游鱼出听；据近代生理学家的实验，对牛弹琴，也并非毫无影响。人类情感有许多花样，每种花样在脉搏呼吸和筋肉运动上都有一个特殊的节奏、特殊的模型。音乐的抑扬顿挫，长短急舒，往往与这种节奏和模型相称。某一种乐调在生理上激起某一种节奏和模型，就引起某一种情调。所以在听音乐时，实在有两种乐调在进行。一是外在的，耳朵听的；一是内在的，听者身体在无意中所表演的。人类生理构造大致相同，所以一个乐调可以在无数听者的心弦上引起交感共鸣。音乐是极强烈的同情媒介，也就因为这个缘故。我们如果想尝广大同情的味道，最好在稠人广众中听音乐。乐声作时，全体听众屏息肃然静听，无论尊卑老幼，乐就都乐，哀就都哀，霎时间不独人我之见泯除净尽，即传统习俗所积累成的层层枷锁也一齐丢开，我们在霎时间回到自由的原始人，沉没到浑然一体的大我。音乐使我们畅快，四围许多人都同时在分享我的感觉，意识到这一点，我们更加畅快。这里没有分别界限，没有恩仇迎拒，我们同是一个阳光煦育的兄弟姊妹，我们皆大欢喜。要群众团结一气，最有效的媒介只有音乐。

第三是感化。感动是暂时的，感化是久远的。音乐由感动至感化，因为它的和谐浸润到整个身心，成为固定的模型（pattem），习惯成为自然，身心的活动也就处处不违背和谐的原则。内心和谐，则一切不和谐的卑鄙龌龊的念头自无从发生，表现于行为的也自从容中节。中国先儒以礼乐立教，就因为明白了这个道理。乐的精神在和谐，礼的精神在秩序，这两者中间，乐更是根本的，因为内和谐外自然有秩序，没有和谐作基础的秩序就成了呆板的形式，没有灵魂的躯壳。内心和谐而生活有秩序，一个人修养到这个境界，就不会有瑕疵可指了。谈到究竟，德育须从美育上做起。道德必由真性情的流露，美育怡情养性，使性情的和谐流露为行为的端正，是从根本上做起。唯有这种修养的结果，善与美才能一致。明白了这个道理，我们就会明白孔子谈政教何以那样重诗乐。诗与乐原来是一回事，一切艺术精神原来也都与诗乐相通。孔子提倡诗乐，犹如近代人提倡美育。他说："诗可以兴，可以观，可以群，可以怨。"又说："温柔敦厚，诗教也。"都是看到了诗乐对于情感教育的重要。他不但认为诗乐是教育的基础，而且认为它们是政治的基础,实在政教是不能分离的,世间安有无教之政呢?近代人舍教而言政,只见得他们愚昧。"颜渊问为邦。子曰,乐则韶舞,放郑声,远佞人"。远佞人还在放郑声之次,我们现在只知道厌恶佞人,其实还有比这更重要的事务——音乐教育。音乐教育上了轨道,佞人也许就不会存在,而政治也不会不修明了。

一个民族的性格常表现于音乐,最显著的是中西音乐的分别。西方音乐偏于阳刚,使听者发扬蹈厉;中国音乐偏于阴柔,使听者沉潜肃穆。两者各有所长,我们用不着偏袒。我们所最忧虑的是我国一般民众,尤其是士大夫阶级,大半没有真正的音乐的嗜好。这似乎表现了民族精神的衰落。我个人认为人心的污浊与社会的腐败都种根于此。我每想起柏拉图的教育主张,就深深感觉到我国目前教育须有一个彻底的改革。我们必须普及音乐教育,尤其是要把国乐本身大加一番整理洗刷。这不是宣传可以了事。但是制礼作乐是盛业也是美名,容易被宣传者当作一种口号呐喊了事,这是我草此文时心里所栗栗危惧的。大家须拿出一副极严肃的态度来应付这问题,前途才有希望。

附 录 二

朱光潜的座右铭

恒、恬、诚、勇。①
走抵抗力最大的路!②
此身、此时、此地。③

---

①在香港大学教育系求学时,朱光潜先生以"恒、恬、诚、勇"四个字作为自己的座右铭。恒,是指恒心,即无论做人做事,都要持之以恒、百折不挠;恬,是指恬淡、简朴、克己持重,不追求物质上的享受;诚,是指诚实、诚恳、襟怀坦白、心如明镜、不自欺、不欺人;勇,则是指勇气、志气、勇往直前的进取精神。这四个字不仅集中反映了他在求学时的精神状态,而且贯穿了他的一生。朱光潜先生曾说:"这四个字我终生恪守不渝。"

②在英国爱丁堡大学学习时,朱光潜先生兴趣广泛,学过文学、心理学和哲学。经过比较和思索,他发现美学是他

最感兴趣的，是文学、心理学和哲学的共同联络线索，于是把研究美学作为自己终生奋斗的事业。当时，他的指导老师著名的康德研究专家史密斯教授竭力反对。他告诫朱光潜说，美学是一个泥潭，玄得很。朱光潜先生在认真思索后，决定迎着困难上。这时，他给自己立下这样一条座右铭："走抵抗力最大的路！"从此，他全身心地投入到美学研究中，终于写出了《悲剧心理学》《文艺心理学》《变态心理学》等具有开创意义的论著。

③在 20 世纪 30 年代，朱光潜先生的座右铭是："此身、此时、此地。"此身，是说凡此身应该做而且能够做的事，决不推诿给别人；此时，是指凡此时应该做而且能够做的事，决不拖延到将来；此地，是说凡此地（地位、环境）应该做而且能够做的事，决不等待想象中更好的境地。在这条座右铭的激励下，朱光潜先生不断地给自己树立新的奋斗目标，在他 80 多岁时，依然信心十足地承担起艰深的维柯《新科学》的翻译任务。

朱光潜的三十条人生箴言

1. 美的研究的出发点不是定义,而是生活本身。

2. 在科学的入口处,正像在地狱的入口处一样,必须提出这样的要求:"到这里人们就应该排除一切疑虑;这个领域里不容许有丝毫畏惧!"

3. 失败的教训一般比成功的经验更有益。

4. 研究美学的人如果不学一点文学、艺术、心理学、历史和哲学,那会是一个更大的欠缺。

5. 每逢青年朋友们问我怎样学美学时,我总是劝他们切记毛泽东同志集中精力打歼灭战和先攻主要矛盾的教导。一个战役接着一个战役打,不要东奔西窜,浪费精力。

6. 为着生活的需要,人在不断地改造自然和社会,同时也在不断地改造自己。

7. 专靠"吃现成饭"过活的人生活就不会过得好。

8. 人得到充分发展要靠自然得到充分发展，自然得到充分发展也要靠人得到充分发展。

9. 节奏是主观与客观的统一，也是心理和生理的统一。

10. 思维就是开动脑筋来掌握和解决面临的客观现实生活中的问题。

11. 文艺不但要有理，而且要有情，情理交融的统一体才形成人格，才形成真正伟大的文艺作品。

12. 音调节奏起伏变化是和情感的起伏变化相对应的，所以音乐所表现的是情感而不是只有语言文字才能表达出的思想。

13. 劳动生产是为着适应人的物质生活和精神生活的需要，并且不断地日益改善和提高人的物质生活和精神生活。

14. 德国美学家们一般把艺术分为"空间性的"和"时间性的"两大类。

15. 要多作短小精悍的速写，不要一来就写长篇大作。

16. 它不像浪漫运动开始时那样大吹大擂，而是静悄悄地登上历史舞台的。

17. 自然现象细节的真实性并不等于客观事物的本质和典型化。

18. 解放个性原是新兴资产阶级的一个理想。

19. 丑与美不但可以互转，而且可以由反衬而使美者愈美，丑者愈丑。

20. 崇高感有一个由不愉快而转化到高度愉快的过程。一个人多受崇高事物的鼓舞可以消除鄙俗气，在人格上有所提高。

21. 机缘是世界上最伟大的小说家；要想达到丰富，足消去研究机缘。

22. 惊奇感正是美感中的一个重要因素。

23. 人不能安于无知，于是幻想出这种偶然事件的创造者都是神。古希腊人认为决定悲剧结局的是"命运"，而命运又有"盲目的必然"的称号，意思也就是"未知的必然"。

24. 各人自己的苦乐，只有各人自己心里晓得。

25. 感情是一件极活泼的东西，如果不得寄托的处所来自由活动，便会游离不定。

26. 读书不是一件死板的事，一个方单不能施诸人人而有效。

27. 每一种有生命的东西都多少是它自己的造化主。

28. 联想是记忆的基本原则，所以知识也须攀亲结友。

29. 我们做学问，一方面要使有问题的东西变为没有问题，一方面也要使好像没有问题的东西变为有问题。问题无穷，发现无穷，兴趣也就无穷。

30. 西方音乐偏于阳刚，使听者发扬蹈厉；中国音乐偏于阴柔，使听者沉潜肃穆。